**어떻게 창의적 인재**를 키울 것인가

# 어떻게 창의적 인재를 키울 것인가

박동휘 외 한국경제신문 특별취재팀 지음

한국경제신문

# 21세기가 원하는 창의적 인재, 그들이 미래다

헬조선, 흙수저, 문송….

2016년 우리 사회에서 유행했던 신조어들이다. '헬조선'은 '지옥과 같은 전근대적 대한민국', '흙수저'는 '부자로 태어나지 못한 처지', '문송'은 '(구직자인데) 문과 출신이라서 죄송'이라는 의미다. 대학을 나와도 좋은 일자리를 구하기 어렵고, 노력해도 뜻한 바를 이루기 힘든 우리 사회에 대한 젊은이들의 절망을 말한다.

이런 말들이 빠르게 퍼져나간 데에는 다 이유가 있다. 각종 비리와 부정, 불공정이 아직도 만연하기 때문이다. 예전에 비해서는 많이 좋아졌다고 하지만 아직도 국민들의 높아진 눈높이를 맞추진 못하고 있다.

"모든 조건이 불평등할 때에는 어떤 불평등도 눈에 거슬리지 않지만 사회가 평등해질수록 조그마한 불평등도 견디지 못하게 된다."

프랑스 정치학자 토크빌의 말이다. 그러나 과거에 비해 우리 사회가 깨끗해졌다는 사실 자체가 변명이 될 수 없다.

우리 사회의 수요와 공급 간의 균형이 무너진 것도 중요한 요인이다. 좋은 대학, 안정적인 직장, 쾌적한 주거에 대한 우리 사회의 욕구(수요)는 빠르게 확산되는데 반해 이를 뒷받침(공급)해야 할 경제는 저성장의 늪에서 헤어 나오지 못하고 있다. 기성세대가 했던 것보다 훨씬 많은 노력을 기울이는데도 성과가 적은 이유가 되기도 한다.

여기까지는 우리의 현실이다. 고성장시대가 막을 내리고 고령화의 정체사회로 접어들면서 나타난 현실이다. 문제는 누가 대통령이 되더라도 고치기 어려운 이런 현실이 아니라 이를 대하는 우리들의 '인식'이 지나치게 비관적이고 자학적이라는 것이다. 나 자신은 열심히 하는데 우리 사회에 문제가 있어 꿈을 이루지 못하고 있다는 피해의식이 정말로 강해졌다. 도전하겠다는 의욕이 점점 떨어지는 바람에 사회까지 그렇게 된 것이다. 결국 자기실현적 예언(self-fulfilling prophecy)이 현실화가 되었다.

'글로벌 인재포럼' 주최기관인 교육부, 한국직업능력개발원, 한국경제신문사 담당자들이 〈글로벌 인재포럼 2016〉의 주제를 '꿈, 도전 그리고 창조'로 잡은 것은 우리 사회를 짓누르는 절망적인 분위기를 바꾸기 위해서다.

주변 여건이 어려워질수록 도전정신이 중요해진다. 도전하는 사람이 많아질수록 뭔가 이루는 사람도 늘어난다. 결국 선순환이냐, 악순

환이냐의 문제다. '꿈꾸고 도전하고 창조하라'고 일방적으로 주문하기보다는 우리가 함께 고민해보자는 취지에서 'Let's Dream, Challenge and Create'로 〈글로벌 인재포럼 2016〉의 주제를 정했다.

이에 맞춰 기조연설과 특별 세션에 참여하는 연사를 선정했다. 2008년 글로벌 금융위기 때 국가 부도가 난 아일랜드를 성공적으로 구해낸 브라이언 카우언 전 아일랜드 총리, 긍정적인 마음 갖기가 얼마나 중요한지를 학문적으로 입증한 엘런 랭어 하버드대 심리학과 교수, 평사원으로 입사해 글로벌 기업 2인자가 된 '샐러리맨의 신화' 신학철 3M 수석부회장 등을 초청했다. 2016년 11월 1일부터 3일까지 그랜드 인터컨티넨탈 서울 파르나스에서 열린 〈글로벌 인재포럼 2016〉에는 5,000여 명의 참가자가 몰리는 대성황을 이뤘다.

이 책은 인재포럼에 참가한 연사들의 발표 내용을 선별해 담았다. 기조 세션, 특별 세션 등 모두 23개 세션의 내용을 책 한 권에 다 담는다는 것은 불가능해서 '놓치기에는 정말로 아까운 명강연'만을 엄선해 담기로 했다. 포럼 내용을 보고 싶으면 〈글로벌 인재포럼 2016〉 홈페이지에 들어오면 된다(www.ghrforum.org). 연사들이 비공개를 요구한 강연을 제외한 모든 강연을 무료로 볼 수 있다.

각 장은 〈글로벌 인재포럼 2016〉을 밝힌 '스타'들의 강연으로 구성했다. 실제로 눈앞에서 강연이 펼쳐지는 것처럼 최대한 생동감을 재현하는 데 노력했다.

첫 번째 강연자는 신학철 3M 수석부회장이다. 1984년 3M에 입사해 글로벌 수석부회장까지 오른 입지전적인 인물이다. 신 부회장의 강연은 청중들의 눈과 귀를 단숨에 사로잡을 정도로 주목을 받았다. 강연 내내 그는 유창한 영어 프레젠테이션 능력을 마음껏 발휘하면서 혁신의 정의, 리더의 역할에 대해 조목조목 설명했다. 직접 겪은 경험담이었기에 더욱 특별하게 다가왔다. 1980년대만 해도 군부독재의 나라로만 알려진 한국 출신이 미국 본사의 수석부회장이 되기까지 생생한 스토리를 들을 수 있는 기회다.

내털리 사이즈 NASA 인사 담당 고문의 강연도 주목도가 높았던 세션 중 하나다. 'NASA는 최고의 인재를 어떻게 키우는가?' 라는 주제로 최고의 엘리트들이 모인 집단에서 어떻게 창의와 혁신을 끌어내는지를 설득력 있게 펼쳐보였다. '엘리베이터 2분 스피치' 등 전문가 집단이 조직에 동화될 수 있도록 하기 위한 다양한 기법도 소개했다. NASA처럼 작은 실수도 큰 재앙으로 이어지는 조직에서는 강력한 규율보다 오히려 자율성이 더 중요하다고 역설했다. 또한 "리더는 '100% 동의의 함정'에 주의해야 한다"라고 경고했다.

침몰 직전의 아일랜드를 다시 켈틱 타이거(Celtic Tiger)로 부활시킨 브라이언 카우언 전 총리의 강연은 우리 현실과 비교해 시사하는 바가 크다. "리더는 위기일수록 국민들에게 솔직해야 한다"라고 하면서 법에 기반을 둔 공정한 사회를 모두가 누릴 수 있도록 만드는 것이 리더의 책무라고 강조했다.

이스라엘의 '심장'이라고 불리는 와이즈만연구소의 다니엘 자이프만 소장은 이스라엘을 글로벌 과학 강국으로 만든 비결을 소개했다. "과학에 투자하는 게 아니라 과학자들에게 투자한다", "인재에 투자해야지 주제에 투자하는 것은 아니다"라면서 발상의 전환을 주문했다. '마음 챙김'이라는 심리학 개념으로 유명한 엘런 랭어 교수, '일자리 혁명'에 관한 짐 클리프턴 갤럽 회장의 통찰까지 차례로 담았다.

창업을 화두로 한 2개의 자유 토론을 '날것' 그대로 옮겨 놓은 부분도 흥미로울 것으로 기대한다. 배달의 민족을 이끄는 김봉진 대표 등 실제 창업에 성공한 청년 기업가들이 등장해 '실전 노하우'를 들려준다.

이번 책은 '어떻게 창의적 인재를 키울 것인가?'라는 질문 하나로 응축할 수 있다. 조직에서, 학교 현장에서 이 물음에 대한 답을 찾고자 하는 이들에게 도움이 됐으면 하는 바람이다.

현승윤 〈글로벌 인재포럼〉 사무국장
박동휘 〈글로벌 인재포럼 2016〉 특별취재팀장

# 세계는 지금 창의적 인재를 원한다

CREATIVE

# 01

## 100년 기업의 중심에는
## 리더가 있다

신학철(3M 수석부회장)

다국적 기업들의 국경 없는 경쟁이 치열해지면서 성공적인 글로벌화를 위한 요건이 복잡해지고 까다로워지고 있다. 세계화를 하면서도 현지화를, 중앙 집권화를 하면서도 분권화를 추구해야 한다. 다시 말해 모두 다 잘할 수 있는 기업이 승자가 되는 시대인 것이다.

모두 다 잘하는 기업은 전문화된 자산과 역량을 집중한 결과, 시장의 흐름과 상관없이 그 위치를 지키고 있다. 오히려 시간이 갈수록 시장에서의 인지도는 높아지고 있다.

세계적 기업인 3M의 중심에 있는 신학철 수석부회장은 성공적인 글로벌 기업이 되기 위해서는 '리더의 역할' 이 그 어느 때보다 중요하다고 강조한다.

## 글로벌 기업의 임원이 되기까지

한국 3M에는 1984년에 입사했다. 입사할 때만 해도 한국에서 태어나고 자란 내가 수석부회장이 되리라고는 꿈도 꾸지 못했다. 32년이 지난 지금, 3M의 중심에 서 있다. 또한 입사했을 때 이번 〈글로벌 인재포럼〉 같은 자리에 참석해 저명한 분들 앞에서 내 경험과 혁신 리더십, 글로벌 리더십 등에 관해 발표할 것이라고는 상상이나 했겠는가.

직장생활은 외로운 여정이었다. 선례가 없는 일을 많이 했기 때문이다. 아주 큰 미국의 주류(主流)회사에서 외국인으로, 그것도 아시아의 작은 나라인 한국인으로 살면서 수많은 언어적, 문화적 장벽을 겪었다. 지금부터 32년간의 개인적 여정을 공유하려고 한다. 책이나 강의실에서 배운 것이 아니라 실제 익히고 머리와 몸으로 배운 것을 이야기하고자 한다.

핵심 키워드는 '혁신'이다. 〈글로벌 인재포럼 2016〉의 주제인 '꿈, 도전 그리고 창조'가 함축하는 것도 혁신이라고 생각한다. '그 혁신적 문화를 어떻게 만들 것인가?', '그 혁신을 만들어내는 리더십이란 무엇인가?'에 관해 이야기하겠다.

1995년으로 기억한다. 당시 한국에서 크리스마스이브를 보내고 있었는데 아시아 태평양 부회장에게서 전화가 왔다. 그전까지는 모르는 사람이었다. 3M 필리핀 사장으로 승진됐다는 이야기를 전화로 들었다. 당시 전화를 받으면서 번개를 맞은 기분이었다. 생각도 못했고 기대조차 하지 않았던 일이었기 때문이다. 대학교까지 한국에서 나왔고 장남이라 부모님을 두고 한국을 떠난다는 것은 상상도 하지 않고 있었다. 그런데 그 전화 한 통이 인생을 바꿔놓았다. 모든 일이 일사천리로 진행되었고 30일 후에 마닐라에 서 있었다. 필리핀 사장으로 취임했기 때문이다. 지금 생각해봐도 정말 특이한 경험이었다. 필리핀에 도착할 때까지는 내가 왜 발탁되었는지에 대해 그 어떤 이야기도 듣지 못했다.

필리핀 현장에서 보니 인사관리(HR)에서부터 노사관계 등 이슈가 많았다. 특히 노사 양측이 서로 쪼개져서 대립만 하고 있던 것이 가장 문제였다. 아마도 이 문제를 해결하라고 나를 파견한 것이라는 생각이 들었다.

당시 엔지니어링과 마케팅만 했기 때문에 경영이나 분쟁 해결에 대해서는 전혀 경험이 없었다. 어찌 보면 준비 없이 뛰어들었던 것일 수도 있다. 가라앉지 않기 위해 필사적으로 수영을 했던 것 같다.

처음에는 노조뿐만 아니라 경영진도 나를 차갑게 대했다. "당신이 누군데 여기 와서 우리 노사문제를 해결하려고 하느냐?"라는 식이었다. 도착한 지 일주일 동안은 대화 자체가 진척이 안 되었다. '글로벌 여정'에서 맞닥뜨린 첫 번째 도전이었다.

우선 '필리핀에 대해 모른다'라는 전제에서부터 시작했다. 현지 직원들에게 솔직히 말하고, 필리핀 3M에 대해 속속들이 들여다보는 작업부터 착수했다. 왜 노사가 갈등을 하는지 3개월 동안 500명 이상이나 되는 필리핀 직원을 모두 만났다. 단순 업무를 보는 근로자들까지 만나 그들의 이야기를 정리했다. 그런 다음, 현지 경영진 앞에서 그동안 조사한 내용을 들려줬다. 그랬더니 경영진조차 근로자들 사이에서 그런 이슈가 있는지 몰랐다는 반응이었다. 알고 보니 노사가 서로 이야기를 할 시도조차 하지 않았다. 당연히 서로의 생각을 모를 수밖에 없었던 것이다. 결과적으로 나는 일종의 좌장(座長) 역할을 했던 것이다.

미국으로 가는 과정도 마찬가지였다. 필리핀에서 일을 하다가 전화를 받았다. 3M 본사가 있는 미네소타로 와서 글로벌 비즈니스 디렉터와 미국 업무를 맡으라는 전화였다. 그렇게 전화를 받고 건너간 미국에서도 필리핀에 처음 도착했을 때와 비슷한 벽에 부딪혔다. '미식축구에 대해 아느냐?' 라는 식의 반응이었다. 그때 다시 한 번 깨달았다.

'내가 뭘 알아야 대화에 참여할 수 있고 다른 사람에게 존중받을 수 있겠구나.'

미국 시장을 알려면 미국 고객을 알아야 한다는 생각이 들었다. 3개월 동안 미국 전역을 누볐다. 거의 모든 도시를 방문했고 매일 미국 현지 고객을 만났다. 특히 미국의 주요 도시는 구석구석 다니면서 유통업체들과 이야기를 나눴다.

3개월이 지난 후, 미국 본사 직원들에게 조사한 내용과 경험을 들려줬다. 본사 직원들은 '우리도 모르는데 어떻게 알았느냐?' 라는 반응이었다. 일례로 "고객은 그 부분과 관련해서 배송에 문제가 있다고 했다"라고 말했더니 "우리는 마케팅 문제인줄 알았는데 놀랍다"

"3M은 괴짜를 우대한다."

라는 식이었다. 마케터가 실제로는 고객을 만나지 않고 있었던 것이다. 그 이후부터 미국 직원들은 나를 받아들여줬고 이내 리더 역할을 할 수 있었다.

미국 유수의 기업에서 마케팅 매니저로 일한다면 당연히 고객을 잘 알 것이라고 생각한다. 하지만 꼭 그렇지만은 않다. 사실 어떤 기업이든 의지를 갖고 깊이 파고들지 않는다면 실상을 제대로 파악하기가 힘들다. 그래서 '내가 하면 기회가 생길 것이다'라고 생각하고 열심히 일했다. 그 결과, 미국에서 보란 듯이 승진할 수 있었다.

리더는 '존중' 받아야 한다. 뼈아프게 배운 교훈이자 한 단계씩 직위가 올라갈 때마다 발견한 진리이다.

# 리더의 질문

리더는 24시간 깨어 있어야 한다. 밤 11시에도, 새벽에도 세계 각국의 전화를 받아야 하는 것이 글로벌 리더의 숙명이기 때문이다.

리더의 자리는 낙관주의자가 되지 않으면 견디기 힘들다. 세상 곳곳에서 정말 많은 일이 벌어지고 있기 때문이다. 비관론자라면 글로벌 기업처럼 아주 복잡한 조직을 운영하기 어렵다. 나는 항상 '모든 게 잘될 것이다'라고 자기 최면을 건다. 가끔 '안 될 수도 있겠다'라는 생각을 하지만 금방 떨쳐버리고 일에 몰두한다. 또한 전 세계를 돌면서 현지 직원들을 직접 만난다. 경영이란 '대화를 하는 행위'라고도 할 수 있다.

사람들을 만나면 질문을 많이 한다. 우선 다음과 같은 간단한 질문부터 한다.

"왜 이렇게 하시나요?"

"설명을 부탁드립니다."

그다음에 또 다른 "왜…"를 질문한다. 이런 식으로 '왜?', 즉 'Why?'를 서너 번 이어가면 아주 좋은 해결방안이나 답을 얻는다. "Why not?(왜 안 되지?)"도 많이 쓴다. 직원들은 보통 "당장 하기 곤란합니다"라는 말을 많이 한다. 그럴 때마다 "Why not?"이라고 반문한다. 그러면서 왜 더 노력하지 않고 더 많은 아이디어를 쓰지 않느냐고 묻는다.

이렇게 리더의 질문은 'why'와 'why not', 두 개면 충분하다. 30

여 년 동안 스스로 경험한 아주 유용한 질문 도구이다. 경영인이든, 관리자든, 학자든 질문을 적절하게 하는 것은 아주 중요하다. 문제의 해결은 질문에서부터 시작한다는 것을 강조하고 싶다.

'글로벌 리더'가 될 수 있었던 이유는 간단하다. 글로벌 기업인 3M에 있었기 때문이다. 처음에는 선택의 기회가 많았지만 결국 3M을 선택했다. 삶의 지평을 이른 시기부터 넓히는 것이 아주 중요하다. 세계를 경험하고 그에 수반되는 인생의 흥미와 즐거움을 느껴 보는 것은 무엇과도 바꿀 수 없는 소중한 일이다. 만약 16살 때로 돌아가 이 여정을 다시 시작하라고 한다면 좀 더 빨리 외국을 경험하고 느끼는 선택을 했을 것이다.

나 역시 젊었을 때는 뭘 잘하는지 몰랐다. 기계공학을 전공했으니 엔지니어링 분야를 잘한다고만 막연하게 생각하고 있었다. 서울대 공대에서 나쁘지 않은 학점을 받았기 때문이기도 하다. 그런데 내가 마케팅을 잘한다는 것을 3M에 입사하고서야 알게 됐다. 1년 반 동안 엔지니어로 일하고 있는데 어느 날 회사에서 다음과 같이 말했다.

"미스터 신, 세일즈로 가시오."

당연히 "저는 엔지니어로서 공학을 전공했는데 영업 판매를 하라고요?"라고 물었다. 하지만 회사에서 그렇게 하라고 명령이 내려오니 따를 수밖에 없었다.

내키지는 않았지만 그렇게 영업과 마케팅을 시작했다. 그런데 얼마 지나지 않아 관련 일을 좋아하고 잘한다는 것을 느끼게 되었다. 제품과 아이디어를 팔고 솔루션을 파는 일이, 고객을 만나서 설득하는 과정을 통해 뭔가를 사도록 하는 일이 내게 맞는다는 사실을, 내가 좋아한다는 사실을 깨달은 것이다. 그 전에는 영업에 재능이 있는 것을 전혀 몰랐다. 영업 분야에서 실적이 좋게 나오자 상사가 "세일즈를 잘하니 마케팅도 해보라"고 해서 마케팅 기획도 맡았다. 운 좋게 적성을 찾았던 것이다.

그 이후부터 3M에서 마케팅과 세일즈를 맡고 있다. 하는 일은 미국 고객에게 제품을 판매하는 것이다. 영어가 모국어는 아니었지만 핑계 대지 않고 부딪쳤다. 그렇게 고통을 겪은 후에야 언어 장벽이란 관문을 통과했다. 그 과정에서 사람들을 잘 설득하는 능력이 있다는 것을 깨달았다. 이때가 33살이었는데 좀 더 이른 나이에 알았다면 다른 길을 가지 않았을까 생각한다.

## 아시아인이라는 사실

그동안의 커리어를 보면 아마 '람보'와 비슷하다고 생각할 수 있다. 람보는 팀으로 일하지 않고 혼자서 모든 걸 다 한다. 사실 초반에는 '내가 잘하고 있는데 멘토나 코치는 필요 없다'라고 생각했다. 하지만 정말 잘못된 생각이었다. 코치와 멘토는 필요하다. 나도 나중에야 길을 잘 인도해주시는 분을 만났다. 그 분을 좀 더 빨리 만났다면 일을 훨씬 잘했을 것이다.

문화 장벽을 극복하고 글로벌 비즈니스를 익히는 데 여러 현안이 발생한다. 다른 사람과 논쟁에 휩말렸거나 갈등관계에 빠지면 대화 태도를 가장 중요하게 점검한다. 예를 들어 여러 사람이 논쟁을 벌인다고 가정해보자. 마케팅 전략을 회의하는 자리라면 리더인 나는 "여러분 중에서 우리의 목적이 고객들에게 더 나은 서비스 제공이라는 데 이견 있는 사람이 있나요?"라고 묻는다. 이견 있는 사람은 없다.

세계 여러 사람을 만나면서 알게 된 사실이 있다. 바로 공통된 가치를 서로 나누면 문화 장벽을 충분히 넘을 수 있다는 사실이다. 고객 서비스 제공, 기업 경영 관련 윤리 등은 세계 어느 곳이나 큰 차이가 없다.

다양성도 중요하다. 한국 출신이라는 점이 오히려 장점이라고 생각한다. 아시아적 가치를 갖고 있기 때문이다. 글로벌 회사에서 상당히 중요한 비교 우위 요소다. 처음에는 아시아인이라는 사실이 약점이나 장벽인 줄 알았다. 그런데 아시아인의 시각이 엄청난 장점이라는 것을 깨달았다. 3M에 아시아적 방식을 도입할 수 있었기 때문이다. 그 점에 대해 지금도 자부심을 느끼고 있다. 다양성은 여러 관점과 형태를 조직에 선사한다.

처음 미국에 갔을 때 모든 상황에서 토론의 연속이었다. 임직원들이 회의에서 말하는 것을 굉장히 좋아한다는 생각이 들 정도였다. 그런데 아무도 후속 조치를 실행하지 않았다. 이때 아시아적 가치를 실행에 옮겼다. 토론하는 것 못지않게 아이디어를 집행하고 실행하는 자세가 중요하다는 것을 보여줬다. 리더가 된 후에는 토론과 의견을 함께 나누는 문화에 '이행'이라는 아시아적 가치를 더했다. 반대로 나는 브레인스토밍과 토론이라는 문화를 배웠다.

아시아 출신 리더의 약점은 '토론 부족'이라고 생각한다. 높은 자리에 있는 사람이라면 부하직원과 토론할 때 항상 자신의 의견이 관철되어야 한다고 생각한다. 물론 리더의 주장이 사실에 기반하고 증거자료가 있다면 맞는다고 할 수 있지만 그렇지 않다면 때로는 부하직원의 의견이 옳을 수 있다.

미국이라는 새로운 문화에서 대화를 이끄는 법, 토론에 참여하는 법을 배우면서 부하직원들이 내 의견에 따르지 않을 수 있다는 것을 알게 되었다. 특히 정신적, 신체적 적응이 필요하다. 한국인은 상대방에게 공격을 당하면 얼굴색이 쉽게 변한다. 나도 누군가 마음에 들지 않는 이야기를 하면 얼굴색이 바뀌는 것을 느낀다. 주의할 필요가 있다.

짧은 시간 내에, 특히 3분 안에 자신의 생각을 말로 정확하게 표현하는 능력도 중요하다. 필리핀에 있다가 처음 미국 본사로 갔을 때 일이다. 선발된 이유에 대해 도저히 알 길이 없었는데 누군가가 필리핀에 와서 나를 관찰했다는 이야기를 들었다. 지금 생각해보니 당시 본사 수석부회장 같았다.

어느 날, 본사 수석부회장이 필리핀으로 찾아왔다. 3분 정도 만난 걸로 기억된다. "당신의 철학은 무엇인가?"라는 질문에 최선을 다해 답변했다. 그 뒤 1년 후에 본사로 오라는 발령을 받았다. 3분 답변 덕분에 발탁이 된 것이다.

우리는 중요한 순간에 누군가를 만난다. 그 누군가가 고객이 될 수 있고 인터뷰어가 될 수 있다. 그 누군가 앞에서 정확하게 소통하지 못하면 기회를 잃을 수 있다. 이것을 '엘리베이터 스피치(Elevator Speech, 엘리베이터를 타고서부터 내릴 때까지 그 짧은 시간 동안 의사결정권자를 설득하는 것)' 라고 한다. 지금은 부사장들에게도 연습하도록 시키고 있다.

## 100년 기업의 비결

전 세계가 불안정성(volatility), 불확실성(uncertainty), 복잡성(complexity), 애매성(ambiguity) 등이 지배하는 'vuca'시대라고 한다. 예측할 수 없이 세계가 불확실하게 돌아가고 있다는 말이다.

전체 미국 기업 중에 2.8%만이 창업 후 100년 이상 살아남을 수 있다고 한다. 100년 동안 계속해서 영업을 할 수 있다는 것은 정말 어려운 일이다. 외부 환경이 바뀔 때 적응하지 못하면 도태될 수밖에 없다. 화석이 되는 것이다.

선진국에서는 경제가 성장하지 않으면 기회도 없다는 이야기가 있다. 그러나 모두가 같은 상황에 있다고 생각하면 우리는 공정한 상황에서 경쟁하고 있는 것이다. 다른 사람보다 더 잘 헤쳐 나가면 좋은 기회가 온다. 경기가 둔화되었다면 과거에 하지 못했던 것을 할 수 있는 여지와 시간이 생긴다. 신제품 출시에 필요한 시간적인 여유가 생긴다고도 할 수 있다.

1968년에 작성된 3M의 사업계획서에는 다음과 같은 글이 적혀 있었다.

'전 세계의 변동성이 크다. 시장은 포화됐다. 신제품이 없다. 기회가 없다.'

약 50년이 지난 지금의 우리가 보면 아마도 웃지 않을까 싶다. 그동안 엄청나게 많은 제품이 새롭게 탄생했기 때문이다. 이것이 우리가 생각하는 방식이다. 그래서 새로운 사고가 중요하며 혁신의 필요성이 제기되는 것이다.

혁신이란, 새로운 제품이나 기술을 발명하는 것 이상을 의미한다. 새로운 것을 하고 파괴적으로 다른 사람이 따라할 수 없도록 하는 모든 것을 말한다. 내가 생각하는 혁신의 정의이다.

혁신은 어디서든 일어난다. 3M은 기술혁신회사로 알려져 있다. 46개의 기술 플랫폼이 있는데 이를 '코어(core)'라고 부른다. 3M의 성공방식은 '코어' 중심으로 성장하는 데 있다. 항공, 우주, 자동차, 의료 등 다양한 분야에서 이런 방식이 작동한다. 시장과 제품이란 관점에서 보면 포트폴리오가 매우 넓다. 이 많은 것이 딱 하나로 연결된다. 바로 '기술'이다. 그런 측면에서 3M은 핵심에서 벗어난 적이 없다. 상황이 어떠하든, 시장이 어떠하든 기술이라는 핵심역량을 지켰다. 여기서 응용을 한 것뿐이다.

3M은 1902년에 설립된 회사다. 미네소타의 작은 동네에서 출발했으며 115년째 기업 활동을 하고 있다. 그동안 다양한 제품을 발명했다. 기존 제품을 단순히 조금씩 바꾸는 것이 아니라 새로운 발명을 했다. 연마제를 처음 발명했고, 오디오테이프, 청진기, 마스킹테이

프, 고속도로 반사판도 3M의 '머리'에서 나왔다. 지금까지 100년 이상 발명을 지속하고 있다. 과연 한 조직이 이 정도의 혁신을 어떻게 할 수 있었을까? 100년 넘게 어떻게 할 수 있었을까?

3M은 시가총액 1,000억 달러가 넘는 큰 회사다. 재정적으로 안정되어 있을 뿐만 아니라 혁신적인 회사, 윤리적인 회사로 인정받고 있다. 매년 〈포춘〉이 선정하는 '가장 존경받는 회사 20위' 안에 든다는 것만 봐도 알 수 있다. 시간이 지날수록 더욱 존경받는다는 느낌을 갖는다.

100년이 훌쩍 넘은 오래된 회사지만 2016년에 밀레니엄세대가 가장 일하고 싶은 회사로 뽑혔다. 2위가 구글이다. 100년 넘은 회사가 여전히 젊은이가 일하고 싶은 회사로 인정받는 비결은 무엇일까?

사실 어떤 기업이든, 기관이든 시간이 지나면서 굴곡을 겪는다. 일반적으로 창업한 지 30년이 지나면 변곡점을 겪는다. 회사 실적이 올라가거나 현상 유지를 하든지, 아니면 침체의 길로 내리막길을 걷는다. 통계적으로 97퍼센트가 추락한다는 점이 흥미롭다. 현실에서는 현상 유지를 하는 것조차 힘들며 계속 성장하는 회사는 정말 소수에 불과하다. 그렇다면 50년, 100년이 지나도 성장하는 소수 회사의 비결은 무엇일까? 바로 가치를 창출하기 때문이다. 가정을 위해, 이해당사자를 위해 지속 가능한 방법으로 매년 가치를 창출하기 때문에 100년이 지나도 성장할 수 있는 것이다.

그렇다면 누가 우리의 이해당사자일까? 회사는 누구를 위해 존재하나? 물론 주주, 고객이 포함된다. 직원도 이해당사자이다. 하지만 그다음이 중요하다. 바로 사회이다. 회사를 둘러싼 공동체에 어떤 식으로든 기여를 해야 한다.

3M은 이 4개의 이해당사자들(주주, 고객, 직원, 사회)을 위해 동일하게 가치 창출을 하고 있다. 이것이 성공의 비결, 100년 성장의 비결이다.


## 저성장시대의 혁신

흔히 저성장시대에는 많은 회사가 연구·개발(R&D) 투자를 줄인다. 실제로도 500대 기업의 90% 이상이 지난 5년 동안 R&D 지출을 줄였다. 소수 회사만 투자를 늘렸는데 3M도 그중 하나이다. 지난 5년 동안 R&D 지출이 매년 5.5~6%씩 늘었다. 혁신적 기술을 만드는 데 투자한 것이다.

R&D 관련해서는 일관성 있는 전략이 중요하다. 시대의 흐름이나 경기와 상관없이 20년 앞을 내다보고 지속적인 투자를 해야 하기 때문이다. 이번 달, 6개월 매출 생각만 해서는 지속적인 투자를 할 수 없다. 기술이 중요하다면 장기적인 시각을 갖고 경기가 하향곡선을 그리더라도 투자해야 한다. 현미경과 망원경을 다 경영에 활용해야 한다. 하지만 회사 대부분이 단기결과에 대해서만 관심을 가질 뿐이고 장기적인 부분에는 집중하지 않는다.

경영자는 둘 다 잘해야 살아남을 수 있다. 하지만 많은 회사가 한 쪽에만 신경을 쓴다. 기술 역량은 뛰어나지만 장기적인 전략이 별로인 회사도 있고 그 반대도 있다. 100년 이상 성장하려면 전술, 전략 모두 잘해야 한다. 매분기 실적도 중요하지만 10년, 20년 성장 전략이 없는 회사는 생존하기 어렵다.

경영자가 '마이크로 매니지먼트(Micromanagement, 관리자가 직원들의 작은 업무까지 참견하는 경영 스타일)'를 잘해야 하는지, 아니면 위임을 잘해야 하는지를 묻는다. 현실적으로는 둘 다 잘해야 한다. 경우에 따라서는 둘 다 해야 할 때가 있기 때문이다.

여기서 회사 대부분의 단점이 나온다. 한쪽만 잘하면 현실을 제대로 직시하지 못해서 착오가 생기기 마련이다. 사실 잘못된 결정은 대부분 직원이 아닌 경영진이 한다. 그래서 조직 구성원 간에 대화가 투명해야 하고 정보가 제대로 공유되어야 한다. 경영진에 대한 직원들의 접근성도 높아야 한다. 경영진이 실제 시장에서 벌어지는 사실들을 볼 수 있어야 하기 때문이다. '조직적 솔직함', '대화의 투명성'은 어떤 기관이든, 기업이든 중요하다. 투명성 지표를 생각해보자. 내부에서 대화가 얼마나 투명한지, 서로 뭔가 숨기려고 하는 것은 아닌지, 과장하고 있는 것은 아닌지 되새겨봐야 한다. 3M도 상황은 마찬가지다. '시장의 팩트(fact)'가 경영진까지 올라오는 과정에서 왜곡되는 일이 아직도 발생하지만 현실을 직시할 수 있게 최대한 투명성을 높이려고 노력 중이다.

혁신은 3M의 경쟁력이다. 단순히 듣기 좋으라고 말하는 것이 아니라 3M이 100년 넘게 운영되면서 혁신을 중시한 자세가 경쟁력이자 차별점이라고 생각하기 때문이다.

혁신은 우연히 일어난다고 생각한다. 마치 과학자들이 실험실에서 각종 실험을 하다가 무언가 발견하게 되는 것처럼 말이다. 하지만 그것이 혁신의 전부는 아니다. 물론 우연한 부분도 있지만 혁신에는 문화가 필요하다. 혁신을 장려하기 위해서는 아주 탄탄한 프로세스가 있어야 한다는 말이다.

혁신은 단순하게 신제품이나 신기술을 말하는 것이 아니다. ERP(전사적 자원관리)나 HR(인적 자원)에서도 여러 혁신이 이뤄진다. 서플라이 체인(연쇄 생산·공급망), 물류 등에서도 마찬가지다. 지난 10년간을 보면 프런트 데스크(Front-desk)보다 백 오피스(Back-office)에서 다양한 혁신이 일어났다. 광의의 혁신이라고도 할 수 있다.

시장에서는 많은 기업과 국가들이 성장 둔화 현상을 겪고 있다. 어떻게 성장해야 하는지를 모르고 있다. 사실 생산보다 성장이 어렵다. 성장은 본질적으로 예측하기 힘든 일에 속한다. 생산(성)은 아무리 잘해도 한계에 봉착하게 된다. 이 순간 혁신이 없으면 더 이상 성장이 어려워지는 것이다. 많은 국가의 지도자들이 "성장 기회가 사라지고 있다"라고 말한다. 하지만 나는 그렇게 생각하지 않는다.

우선 성장 기회를 어떻게 정의할까? 성장 기회를 정의하기 위해서는 2가지 요인을 고려해야 한다. 바로 테크놀로지(technology)와 인구 변화다.

예를 들어 인터넷은 많은 성장의 기회를 제공하고 있다. 중국은 5억 명에 가까운 빈곤층이 중산층으로 거듭나면서 성장의 기회를 잡은 나라다. 이런 중국의 사례를 보면 기회는 테크놀로지와 인구 변화의 접점에서 발생한다고 할 수 있다. 중국을 다시 예로 들면, 모바일의 확산과 이를 통한 구매 욕구, 중산층의 폭발적인 성장이 접점을 이루는 순간에 대규모 혁신이 발생했다. 이 혁신을 포착하고 선점한 기업이 바로 알리바바이다. 이 알리바바처럼 기회를 봐야 한다.

인구 변화의 과점에서 보면 한국은 고령화가 빠르게 진행되고 있다. 사회문제라고도 할 수 있다. 그런데 사회문제는 곧 기회이기도 하다. 관련된 기회가 분명히 있다. 사회의 변화 속에는 분명 기회가 있는데 발견하지 못할 뿐이다. 오히려 위협으로만 보는 바람에 기회를 발견하지 못하는 것이다.

기술의 전환도 마찬가지다. 사람들 대부분이 이를 위협으로 간주한다. 하지만 기회일 수도 있다. 기회라는 차원에서 보면 오늘도 여전히 수많은 혁신이 가능하다.

과거에도 시장은 포화됐다고 늘 이야기했다. 하지만 사람들이 그렇게만 생각했던 것이지 그 안에 무수히 많은 기회가 있다는 것은 깨닫지 못했다. 기업도 그렇고, 국가도 마찬가지다. 그동안 성공한 많은 기업을 만났는데 접점을 포착해서 기회를 찾았다는 공통점을 갖고 있었다.

사회의 '메가 트렌드(Mega Trend)'라는 관점에서도 생각해볼 것이 많다. 최근 중국에서 현지 고객을 만났는데, 지속 가능성에 대한 이야기를 많이 들었다. 친환경 제품에 관심이 있다고 볼 수 있는 대목이다. 30년 전과 완전히 대비되는 모습이다. 그렇다면 기회가 분명 있다. 에너지 혁명도 그중 하나라고 할 수 있다. 기후 변화의 이슈와 같은 사회 변화에 기술적인 해법을 적용하면 기회가 만들어지는 것이다.

3M도 이런 식으로 기회를 찾는다. 베이징에서는 대기오염이 갈수록 심해지고 있다. 대기오염은 분명 사람들이 싫어한다. 3M은 이 대기오염을 기회로 보고 해결방안을 고민한 결과, 마스크 등으로 사업을 확대하는 결론에 도달했다.

한마디로 기술과 전략, 마케팅의 결합이 중요하다. 조사한 다음, 찾아보고 기술적인 요소를 사회적 현상에 적용한다면 많은 기회가 있을 것이라고 확신한다.

## '15퍼센트의 원칙'과 '관용'

'15퍼센트 원칙'이라는 말이 있다. 3M은 연구직에게 업무시간의 15퍼센트는 자신의 일이 아닌 다른 분야에 할애할 수 있도록 하고 있다. 업무가 있어도 관심 있는 다른 분야가 있다면 자신의 업무시간을 할애할 수 있도록 한 것이다. 이때는 매니저도 막지 못한다. 그 결과가 어땠을까? 이 유연한 근무제도를 통해 많은 '작품'이 탄생했다. 개인에 대한 존중을 바탕으로 자유를 준 결과다. 개개인이 자신의 삶과 일에 대한 주도권을 갖고 스스로 무언가를 찾는 것을 인정해야 한다고 생각한다. 사람을 고용하고 훈련시킨 뒤에는 그냥 일을 하도록 내버려 두는 것이 중요하다. 지나치게 개입하는 것은 창의성을 억누른다. 우리는 발명가가 필요한 것이다. 매니저의 역할도 중요하다. 그러나 이들이 혁신가들을 가로막으면 안 된다. '프릭(freak, 괴짜)'이라 불리는 독특한 사람들을 통해 세상에 없던 제품이 나오는 법이다. 이들을 존중하고 장려해야지 억압하면 안 된다는 것이 3M의 철학이다.

3M에서는 발명가들을 영웅이라고 생각한다. 물론 회사 행정의 관점에서는 이런 사람들을 관리하기가 매우 어렵다. 그렇다고 해도 관용을 베풀고 그들에게 자유재량(自由裁量)을 주려고 한다. 실수해도 용인하고 때로는 실수하도록 자유를 준다. '똘레랑스('존중'을 의미하는 프랑스어)'라 불리는 관용정신이 혁신의 모태이다.

말도 안 되는 일을 하고 실수를 해도 이런 사람들에게 벌칙을 주면 안 된다. 다시는 실수하지 말라는 것은 혁신을 가로막는 사고방식이다. 그렇게 되면 새로운 시도 자체를 하지 않으려고 한다. 지금까지 내용은 1948년 3M의 회장이었던 윌리엄 맥나이트가 한 이야기다. 이런 정신이 3M의 기반이 됐다.

3M을 방문한 사람들이라면 회사 환경이 마치 대학 캠퍼스 같다고 말한다. 직원들의 머리 모양만 해도 각양각색이다. 외부적인 모습도 중요하지만 3M을 제대로 알기 위해서는 조직 내부의 중요한 내재적인 특징을 간파해야 한다. 바로 관용의 문화가 매니저급에도 존재한다는 것이다.

## 리더부터 변해야 한다

---

혁신적인 조직이 되길 원한다면 경영진이 앞장서야 한다. 국가도 마

찬가지다. 정책 결정자들이 먼저 앞으로 가야 한다. 이들은 문화를 만들 수 있는 힘이 있다. 그래서 그런 자리에 앉아 있는 것이다.

3M에서는 실패를 허용해주는 문화가 정착되어 있다. 실패한 사업을 진행한 사람이 승진하는 경우도 많다. 실패해야 교훈을 얻기 때문이다. 최근에도 이전 프로젝트를 실패한 사람들 중에서 부사장으로 승진한 경우도 있다.

실패를 경험한 사람들은 "최선을 다했지만 실패할 것 같다. 중단하고 비용을 아끼자"라고 하는데 보통 다른 조직이라면 해고되었을 것이다. 하지만 3M에서는 이런 사람들을 과감히 승진시킨다. 진솔함을 인정하는 것이다. 솔직히 말한 덕분에 회사 입장에서는 비용을 아낄 수 있었던 것 아니겠는가? 이런 상황이 가능하려면 경영진이 혁신에 대해 열정을 가져야 한다. 때로는 경영진이 스스로 바뀌어야 한다는 것을 간과하기도 한다. 그래서 끊임없이 얘기해야 한다. 이렇게 바뀌고 난 다음에는 체계적으로 사람들을 적재적소에 배치하는 일이 중요하다. 이때부터 혁신의 강화가 이뤄진다.

큰 변화는 혁신적인 리더가 있어야 가능하다. 3M의 본업은 '인재 비즈니스'라고 해도 과언이 아니다. 그래서 인재를 적재적소에 배치하는 일이 중요하다.

리더십에서 꼭 따져봐야 할 부분이 혁신이다. 혁신 문화를 지지하지 않는 사람은 지도자가 될 수 없다.

## CEO의 시간

마지막으로 '아이디어'에 대해 말하고자 한다. 아이디어가 중요하다는 사실은 모두 알고 있다. 그런데 '아이디어가 어디서 나오느냐?'에 대해서는 별로 신경을 쓰지 않는 것 같다. 리더라면 이 질문을 해야 한다. 기술의 통합을 통해 아이디어가 나올 수 있지만 아이디어 대부분은 시장에서 나온다. 이런 이유로 고객과 같이 시간을 보내는 것이 중요하다. 혁신을 위한 아이디어가 나오기 때문이다. 에어컨 나오는 사무실에서는 아이디어를 얻을 수 없다.

경영진도 현장에서 고객과 시간을 보내야 한다. 내 경우에는 오래전부터 근무시간 절반을 고객과의 만남에 할애하겠다는 규칙을 만들었다. 지난 25년 동안 이 원칙을 지켰으며 지금도 그렇게 하고 있다. 그렇지 않았다면 자기만의 사무실에만 있으면서 현실을 몰랐을 것이다. 경영진은 반드시 고객과 시간을 보내야 한다.

고객을 만나는 것 외에 25% 정도는 다시 사람에게 할애한다. 바로 나 자신과 부하직원을 발전시키는 일에 쓴다. 그리고서 나머지 25%는 회의나 업무활동에 사용한다.

솔직히 성공에 대해, 승진에 대해 많은 질문을 받는다. 어떻게 이 자리까지 올라섰느냐는 질문들이다. 개인적으로 '차면 넘친다'라는 말을 좋아한다. 맡은 것보다 더 많은 일을 하려고 움직였다. 이럴 경우에 잘되는 조직은 더 큰 그릇을 준다. 흘러넘치는 주스나 맥주를 낭비하지 않기 위해서다. 그것이 비결이다.

넘쳐서 흐르면 언젠가 더 큰 그릇에 담을 수 있다. 3M에서는 이 과정이 통했다. 여기에서 혁신에 대한 또 다른 정의가 나온다. 혁신을 그냥 놔둬야 할 상황도 발생하는 것이다. 만일 아이디어만 너무 양산되면 어떻게 될까? 혼란이 발생할 수 있다. 그래서 아이디어들에 대한 우선순위를 설정하고 궁극적으로 혁신이 상업화로 이어질 수 있도록 재정 지원을 해야 한다.

혁신이 상업화나 가치로 이어지지 않으면 큰 문제다. 과학기술을 연구하는 기관과 기업은 명백히 다르다. 방향에 따라 다르겠지만 우선순위를 만들어야 하고 상업화 마케팅을 하는 쪽도 혁신만큼 중요하다. 그래서 3M에서는 아주 강건한 프로세스를 만들었다. 혁신 문화와 쌍벽을 이루고 있는데 이 덕분에 여러 방면의 기술 플랫폼을 구축할 수 있었다. 이를 통해 새로운 제품을 만드는 것이 가능해졌다.

협업도 혁신가를 만드는 데 필수적인 요소이다. 한 명의 과학자가 모든 걸 발견할 수는 없다. 당연히 협업을 하면서 팀으로 활동해야 한다. 이는 3M의 독특함이다. 서로 이야기를 하고 아이디어를 얻고 이를 촉진하는 시스템이 마련되어 있다.

과학자들이 자유롭게 교류하고 기술을 공유한다. 아이디어조차 여러 사업 부문에 걸쳐 공유한다.

어떤 조직을 보면 가장 큰 문제점 중 하나가 '사일로(silo)'이다. 사업 부문별로, 부서별로 서로 이야기를 하지 않고 정보를 공유하지 않는 것이다. '이것은 우리 부서 기술이다', '저쪽 부서와는 공유하지 않을 것이다'라고 생각하는 자세가 문제다. 조직에서는 협업문화가 매우 중요하다. 협업이 가능하기 때문에 다양한 산업부문별로 신제품이 나오는 것이다.

상업화의 중요성도 간과해서는 안 된다. 일부 제품은 상업화에 실패했거나 시장을 다른 기업에 빼앗겨 출시하지 못하기도 한다. 발명을 할 때에는 상업화가 핵심이다. 사실 '포스트잇'은 훌륭한 발명이 아니었다. 오히려 '마케팅 발명'이었다고 해야 한다. 1968년 3M 연구원이던 스펜서 실버가 만들어낸 접착제는 처음에는 접착성이 떨어지는 이상한 물건이었다. 그래도 사내 기술 세미나에 결과가 보고되었고 3M의 데이터베이스(DB)에 저장되었다.

사무용 테이프사업부에서 일하던 아트 플라이는 당시에 교회 성가대원이었다. 아트 플라이는 자신이 불러야 하는 곡마다 성가집에 종이를 끼워 표시를 하려고 했는데 여간 불편한 게 아니었다. 책장을 넘기다 보면 끼워 넣은 종이가 바닥에 떨어졌기 때문이다. 그러던 어느 날, 사내 DB를 열람하던 중에 스펜서 실버의 실패 사례를 접하게 된다. 아트 플라이는 1974년 스펜서 실버에게 연락을 했고 힘을 합쳐 상용화한 메모지가 포스트잇이다. 이것이 3M의 프로세스가 만들어낸 결과물이다.

---

**신학철** / 서울대학교 기계공학과를 졸업하고 한국 3M, 3M 필리핀 등을 거쳐 현재 3M 미국 본사 수석부회장으로 있다. 3M 서울지사의 평사원에서 출발해 한국인 최초로 3M 미국 본사 최고위 임원에 오른 입지전적인 인물로 평가받는다.

## 02

—

# NASA는 최고의 인재를
어떻게 키우는가?

|

**내털리 사이즈(NASA 존슨스페이스센터 고문)**

———

미국 항공우주국(이하 'NASA')은 미국 연방정부의 대형 기관(19개) 중에서 직원 만족도가 가장 높다. 2016년까지 6년째 1위다. 전문가들은 NASA만의 독특한 인사관리(이하 'HR')에 주목한다. 내털리 사이즈 고문은 〈글로벌 인재포럼 2016〉에서 NASA의 인재 관리 비결로 '몰입', '포용', '혁신'을 꼽았다. 2004년 2월부터 10년 넘게 NASA의 심장이라고 불리는 존슨스페이스센터 인사관리 총괄책임자로 있었다. 100여 명의 팀원을 이끌고 우주비행사부터 우주과학자, 우주선 정비사까지 센터 직원 전체의 인사를 담당했다.

내털리 사이즈 고문은 HR팀장 시절의 자신을 '관계 정립자(relationship-builder)'로 정의했다. 조직이 직원들과 관계를 맺는 과정은 서로 신뢰를 축적하는 시간이라면서 신뢰가 없으면 조직 자체가 약해지고 제 기능을 할 수 없다고 말했다. 또한 단일한 목표를 설정해 모든 직원이 매진하도록 하는 방식은 전문가 집단에는 맞지 않으므로 직원들이 각자의 목표를 찾아야 할 이유를 제공하는 환경을 조성하는 것이 HR의 궁극적인 목표라고 강조했다.

## 몰입, 변화의 핵심

NASA는 전 세계에서 가장 유능한 과학자들이 모여 있는 곳이다. 모인 사람들이 타성에 빠지지 않고 창의성을 발휘할 수 있도록 하는 것이 중요하다. 사실 조직의 규모가 커질수록 절차는 복잡해지고, 오래된 습관들이 나타나면서 관료주의에 빠지게 된다. 과거만큼 환경과 변화에 민첩하게 대응하지 못하는 것이다. NASA도 의사결정절차가 복잡해지면서 민간 우주부문의 성장이라는 외부 환경 변화에 민첩하게 대응하지 못했다.

민간부문이 급속도로 성장하자 NASA 내부에서는 경쟁이 시작되었다면서 우려하는 목소리가 커졌다. 하지만 이내 민간 기업들도 발전할 수 있도록 도움을 주자고 입장을 바꿨다. 화성 탐사 등의 측면에서 기술이 발전하는 계기가 될 수 있다고 본 것이다.

사람은 누구나 변화를 두려워한다. 그래도 직원의 몰입이라는 관점에서 변화는 중요하다. 변화하는 환경에서 민첩성을 키워나가는 것이 핵심이다. 우리는 모두 변해야 한다. 그리고 변하는 상황마다 스스로 학습하는 문화가 중요하다. 그래서 NASA는 몰입을 중요하게 여기고 있다.

## 존슨스페이스센터 미션 일지

HR팀장이 되자마자 조직 전체에 큰 변화가 생겼다. 2003년 1월 우주왕복선 콜롬비아호 폭발사고로 우주선 개발 계획을 전면 수정해야 했기 때문이다. 그래서 2004년부터 기존의 우주왕복선 프로젝트를 전면 폐기하고 유사시 우주비행사의 생존 가능성을 높일 수 있는 '오리온 우주선' 개발에 나섰다.

이 과정에서 HR팀은 새로운 과제에 직면했다. 해당 프로젝트에 필요한 250여 명을 새로 뽑고 200여 명의 보직을 새로 조정하는 과제였다. 결과적으로는 이 과제를 매끄럽게 마무리했는데, 제일 중요했던 기술이 바로 '경청'이었다.

HR팀 직원들이 직업 조정 대상자들과 일일이 만나 면담하도록 했다. 면담과정에서 대상자가 과거에 해온 일과 주요 업적, 앞으로 하고 싶은 일 등에 대해 세심하게 듣도록 했다. 그런 다음, 새로운 조직문화를 만드는 작업에 착수했다. 최고경영진과 직원들이 함께 존슨스페이스센터 미션 일지(JSC Mission statement)를 만들었다. 조직의 큰 그림을 그려 직원들과 공유하기 위해서다. 그래야 회사의 비전과 목표를 분명하게 인식할 수 있기 때문이다.

직원들의 의견을 수렴하고, 조직의 강점과 약점을 파악해 초안을 작성했다. 당시 직원들이 'LEAD'라는 단어를 쓰자고 제안했다. '직원들이 주체적으로 이끌어 나가는' 조직이라는 의미를 갖기 위해서였다. 그 내용까지 직원들끼리 공유했다. 경영진도 직원들이 만든 미션 일지 내용을 수용했다. NASA처럼 다양하고 이질적인 전문가로 구성된 조직일수록 직원들이 자신의 미래를 스스로 기획하고 있다는 느낌을 받도록 하는 것이 중요하다. 회사의 필요에 따라 장기의 말처럼 움직인다고 생각하면 일에 대한 적극성이 크게 떨어지기 때문이다. 당시 우리의 목표와 비전은 국제 우주 정거장 활용 극대화, 상업 비행 분야 관련 팀 구성, 미래를 위한 캡슐 개발, 화성 비행 프로젝트 등이었다.

새로운 미션 일지를 만들고 난 뒤에는 '엘리베이터 2분 스피치'도 시도했다. 엘리베이터에서 갑자기 만난 사람에게도 2분간 자신이 하는 일과 회사의 목표, 비전을 정확하게 설명할 수 있도록 하는 훈련이다. 보통 비즈니스를 할 때, 함께 일하고 싶은 기업의 최고경영자를 우연히 만났을 때 자신이 일하는 기업의 비전과 가치를 2분 안에 설명해서 설득할 수 있어야 한다고 말한다. '엘리베이터 2분 스피치'를 통해 직원들이 조직의 비전과 미래를 정확하게 인식하고 주인의식을 갖도록 했다. 그래야 자신이 하는 일에 몰입할 수 있기 때문이다.

팀원들의 참여 규칙도 만들었다. 존슨스페이스센터에는 3,000명

"다양성과 몰입의 시간을 제공해야 한다."

의 공무원과 6,000명의 계약직 직원이 있다. 특정 프로젝트에만 참여하는 사원들도 정규 직원들과 똑같이 자신들을 NASA의 직원으로 느끼도록 해야 했다. 그래서 신뢰, 개방성, 책임감, 존중, 핵심 플레이어 등 5가지 참여 규칙을 만들고 이를 직원들이 새기도록 했다.

## 상사에게 필요한 것, 포용력

그다음으로 상사와의 관계 설정에 주목했다. 많은 사람(부하직원)이 상사를 싫어한다. 하지만 직장생활에서 가장 중요한 것이 상사와의 관계다. 상사는 평사원보다 훨씬 더 많은 권한을 갖고 있다. HR 책임자로서 관련 논문을 여러 편 읽었는데 상사와의 관계 악화로 조직을 떠나는 사람이 의외로 많다는 것을 깨달았다. '신뢰'의 원칙이 사라졌기 때문에 발생한 일들이다.

똑똑하고 권위적인 사람이 리더가 되는 시대는 지났다. 고인이 된 스티브 잡스는 비즈니스에서 위대한 일은 한 사람이 아니라 팀에 의해서 만들어진다고 말했다. 포용력 있는 리더가 점점 더 중요해진다는 의미다.

우리가 상사들을 교육할 때 가장 중요하게 말하는 것도 포용력이다. 보통 10명이 회의에 참여하면 상사는 한두 사람의 이야기만을 듣는다. 하지만 이제는 상사가 먼저 나서서 다른 사람들의 의견을 물어야 한다. 상사는 모든 사람이 이 일에 참여하고 있으며 서로의 가치가 인정받고 있다고 느끼도록 해야 한다. 팀원들의 강점을 살리고 건설적인 피드백을 제공하는 것도 중요하다.

리더(상사)는 '100% 동의의 함정'에 주의해야 한다. 최고경영자가 주재하는 회의에서 모두 CEO의 의견에 동의하는 일이 반복된다면 그것은 매우 위험한 신호다. 배가 잘못된 방향으로 가고 있다고 말할 수 있는 사람이 아무도 없다는 뜻일 수 있기 때문이다. 문제가 복잡할수록 다양한 배경을 가진 사람이 모일 때 좋은 해결책이 나온다. 그래서 리더에게는 다양성을 인정하는 자세가 필요하다.

리더는 듣기 싫은 이야기라도 경청해야 하고, 팀원은 잘못된 방향을 지적할 수 있어야 건강한 조직이다. 물론 반대하는 의견에 공감한다는 것은 상당히 힘든 일이다. 그래도 노력해야 한다. 또한 발언을 잘 하지 않는 내성적인 직원에게도 발언할 수 있는 기회를 줘야 한다. 시간은 오래 걸릴 수 있지만 그 과정에서 좋은 아이디어가 나오는 경우가 많다. 특히 내성적인 직원들에게는 당장 의견을 제시하라고 압박하는 것보다 "지금 안 되면 다음 주 회의할 때 말씀해주세요", "다음 주에는 이런 주제로 이야기할 예정입니다"라고 미리 알려주면 해당 회의에서 더 좋은 아이디어를 얻을 수 있다.

직원의 커리어를 관리한다는 느낌을 주는 것도 중요하다. 우리는 각 개인이 정한 목표와 진로 방향에 대해 상사와 소통할 수 있는 프로그램도 마련했다. 상사는 직원에게 '너의 커리어 관리에 관심이 있다'라는 것을 표현해야 한다. 조직의 소통을 강화하기 위해 '스킬 레벨 미팅'을 주선하기도 한다. 예를 들어, 경우에 따라서는 팀장이 아니라 그보다 높은 상사가 참여하는 티타임을 하도록 한다. 내용은 철저히 비공개로 진행되고 직속 상사인 팀장에게는 이야기하지 않는다. 좀 더 높은 상사와 이야기할 때 오히려 팀의 문제점이나 고민을 나누는 분위기가 조성되기도 한다.

## 다양성을 중요하게 여기는 분위기

———

직원의 다양성을 적극 장려하는 분위기도 필요하다. 직장에 왔을 때 스스로를 숨기지 않고 있는 그대로 일할 수 있는 환경이 필요하기 때문이다.

NASA는 특히 다양성을 중시한다. 로켓 개발 등 복합적인 상황에 직면했을 때 다양한 관점이 더욱 필요하다. 그래야 해결책을 만들 수 있기 때문이다.

우주비행사로 일했던 시니어 디렉터들이 많은 직원과 이야기를 하면서 그들의 고민과 문제를 파악하도록 했다. 그 결과, 나를 포함한 직원들이 '스스로 모든 것을 해야 한다'라는 강박관념에 사로잡혀 있다는 이야기를 들었다. 외부의 에너지를 받아들이지 못하고 있었던 것이다. 외부의 에너지를 인정하지 못하면 다양성을 포용하지 못한다는 의미가 된다. 그래서 적극적으로 벤치마킹에 나섰다. 다른 사업분야의 기업을 방문하여 일하는 모습을 조사했고 협업의 중요성을 꾸준히 강조했다. 협업을 하면 창의성이 촉진되고 혁신이 가능하기 때문이다.

다양성은 조직에 큰 가치를 부여한다. 직원의 관심사에 맞춘 소규모 그룹 구성도 적극 장려했다. 이 소규모 그룹은 직원들이 회사에 적응하고 교류하며 새로운 아이디어를 얻는 데 도움이 된다. 히스패닉계, 아시아계 그룹도 따로 있었다. 직접 그룹명을 정해서 통보하면 우리가 승인하는 과정을 거쳤다. 휴먼 시스템, 엔지니어링 시스템을 개발하는 직원들의 그룹도 있었다. '인간이 얼마나 중요한가?'를 연구하기 때문에 인종적 특성에 따라 형성되기도 하고 연구 내용에 따라 그룹이 만들어지기도 했다.

상사들에게는 다양한 배경을 가진 사람들이 모일수록 성공할 가능성이 높다는 내용을 담은 《더 디퍼런스(the Difference)》(스캇 페이지

지음)를 권한다. NASA는 인종적 다양성뿐만 아니라 출신도 학계, 민간, 군인 등으로 다양하다. 다양한 배경의 사람들이 모이면 조직의 강점이 된다.

NASA에는 '혁신의 날(Innovative day)'이라는 행사가 있다. 다른 사람들에게 자신이 하고 있는 일을 소개하는 자리다. 공식적인 업무는 아니다. 중간관리자를 중심으로 자신의 업무를 다른 직원들과 공유하고 즐거운 시간을 보내는 일종의 놀이라고 보면 된다. 이 과정에서 직원들은 '상사가 나를 존중한다'라는 느낌을 갖도록 한다.

실패에 대한 인식도 바뀌었다. 최초로 달에 착륙한 아폴로 11호 프로젝트에 참여했던 우주인이 쓴 책에 '실패는 옵션이 아니다'라는 문장이 나온다. 이 문장은 NASA의 모토 중 하나이다. 실패를 통해 더 많은 것을 배울 수 있고, 우리가 함께 극복해낼 수 있다고 믿는 것이 우리의 조직문화이다. 이런 철학이 없다면 위험 감수를 꺼리게 되고 새로운 시도를 하지 않게 된다.

작은 실수도 우주선 발사의 실패로 연결되고 막대한 금전적 손실과 인명 피해를 입을 수 있는 만큼 NASA는 고도의 정밀성이 요구되는 조직이다. 하지만 업무시간과 환경 등에서는 직원에게 더 많은 자율성을 갖도록 하고 있다. 조직이 자신을 신뢰한다는 느낌을 받아야 더 적극적으로 일하기 때문이다.

## 평가에 대해서는 정확하게 알려준다

NASA는 조직 평가와 관련해서 그 기준과 내용을 명확히 알려주는 것이 가장 중요하다고 생각한다. 평가가 얼마나 공정하고 투명한 방식으로 진행됐으며 이런 평가가 승진과 부서 이동에 어떻게 반영되는지를 알려준다. 승진을 했다면 왜 승진을 하게 됐는지, 그렇지 못하다면 누락된 이유가 무엇인지를 알게 해야 한다. 이것은 직원들의 사기를 위해 중요한 부분이다.

NASA는 조직 부문별로 평가를 하고 있다. 기업들 대부분이 1년에 두 번 정도 성과를 평가하는 방식을 선호한다. 하지만 NASA는 이런 평가를 지양한다. 상사가 직원과 대화하면서 수시로 평가하도록 하고 있다. 1년에 두 번만 하면 사람들은 긴장하기 마련이다. 혹시 처벌을 받는 건 아닌가 하고 말이다. 하지만 평가는 예측이 가능해야 한다. 상사들이 기다렸다가 갑자기 모든 결과를 이야기하는 것이 아니라 주간 단위 등으로 자주 소통해야 한다. 특히 밀레니엄세대는 피드백을 원한다. 자신이 하는 일에 대한 즉각적인 피드백에 익숙한 세대이다. 그렇게 자랐기 때문이다.

어떻게 하면 직원들에게 동기부여를 할 수 있을까? 사실 사람마다 동기를 갖게 되는 요인은 다 다르다. 그래서 기본이 중요하다. 우선 공정한 임금이 지급되어야 한다. 생계와 전문성을 유지할 수 있도록 금전적인 보상을 받고 있는지가 중요하다. 추가적인 보너스도 동기부여가 되겠지만, 제일 중요하다고 할 수는 없다.

그다음이 앞에서 말한 상사와의 관계다. 상사와 직원 간에는 신뢰에 기반을 둔 관계가 중요하다.

금전적 인센티브보다 점심시간에 시간을 내서 아이들의 축구 경기를 관람하는 것이 더 중요하다고 생각하는 직원도 있다. 필요한 경우 가족 행사에 참여할 수 있도록 하는 유연한 업무 스케줄이 무엇보다 중요한 것이다. 실제로도 NASA에서는 이것이 큰 동기부여의 요인이 된다. 구글 등은 NASA보다 월급을 더 주는 방식으로 동기부여를 하기도 한다. 어쨌든 우리는 직원들이 이탈하지 않는 방법을 찾아야 한다.

정리하자면 직원은 우리 조직이 혁신하는 중이라고 느낄 때, 상사가 나를 존중한다고 느낄 때, 일에 자부심을 느낄 때 업무 몰입도가 올라간다. 이러한 조직문화가 만들어지면 직원들은 자발적으로 일을 하게 된다.

존슨스페이스센터 직원에게 설문조사를 한 결과, 다음과 같은 긍정적인 수치가 나왔다.

- 필요하다면 업무 완성을 위해 추가적인 노력을 기울일 용의가 있다: 98.6%
- 나는 내가 하는 일을 중요하게 생각한다: 90.6%
- 지난 6개월간 상사와 내 업무 능력에 대해 이야기를 나눈 적이 있다: 92.5%
- 상사는 나를 존중한다: 91.9%
- 내 업무 성과가 회사의 목표에 얼마나 기여하는지에 대해 정확히 이해하고 있다: 89.9%

**내털리 사이즈** / 미국 뉴멕시코대학교에서 경영학 학사, 휴스턴대 클리어 레이크에서 인적자원관리 석사학위를 받았다. NASA 존슨스페이스센터 익스체인지카운슬 의장, HR 디렉터, 조직변화센터 소장 특보를 역임했다. NASA 최우수 리더십 메달과 서비스 메달을 수상했으며 HR이그제큐티브가 뽑는 '올해의 HR 임원'으로 선정되었다. 협업 중심의 팀 접근을 중시하며 조직 효율 향상을 위한 협업과 통합, 변화 관리 전문가로 유명하다.

## 03

# 교육으로 인재를 키우는
# 국가의 미래

**브라이언 카우언**(전 아일랜드 총리)

지금 세계 경제는 저성장과 복합적인 불황의 덫에 빠져 있다. 더딘 경기 회복세가 선진국을 중심으로 불평등을 확대하고 있으며 이런 불평등 확대가 생산성을 떨어뜨리고 있다. 생산성 둔화와 불평등 확대를 막지 못한다면 많은 사람을 위험한 상태에 빠뜨릴 것이다.

주요 국가가 정권 교체기에 놓인 지금, 인기몰이를 하려는 정치적 포퓰리즘이 근로자들의 불만을 부추기려고 한다.

브라이언 카우언 전 총리의 아일랜드 위기 극복 경험은 한국에도 많은 시사점을 준다. 구제금융을 받은 당시에 아일랜드의 집권 여당은 정권 재창출을 포기하면서까지 강력한 구조개혁을 추진했다. 경제난 돌파를 위해 임금 인상을 억제하는 대신 고용을 더 늘리는 '아일랜드식 노사정 대타협'을 이끌어 냈다.

이번 발표에서 브라이언 카우언 전 총리는 침체된 사회에 활기를 불러일으킬 수 있는 인재를 키우는 방법과 필요한 리더십에 대해 설명한다.


## 윈윈 구조가 필요하다

아일랜드와 한국은 상당히 비슷한 국가다. 자원도 부족하고 땅도 작으니 인적 자원밖에 가진 것이 없다. 외국의 투자 유치가 무척 중요한 것까지 비슷하다.

아일랜드는 수출이 성장을 이끈 나라다. 한국도 1970년대부터 수출 주도형 경제로 발전한 것으로 알고 있다. 상대적으로 서비스 분야가 발전했고 인재의 수준이 높은 점도 닮은 꼴이다.

수출은 한국, 아일랜드 모두에게 중요한 번영의 요소다. 그래서 지금은 개방된 무역구조를 갖게 되었다. 아일랜드를 보면 수출액이 국내총생산(GDP)의 100%를 넘어설 정도다. 2014년에는 수출 규모가 113.7%에 달했다.

최근 보호주의 이야기가 많이 나오는 것에 대해 걱정하지 않을 수 없다. 점점 포퓰리즘이 중요한 정치적 이슈가 되고 있다. 유럽, 미국을 보면 더욱 확실해지고 있다.

우리는 보호주의에 강하게 반대해야 한다. 큰 나라는 보호주의를 선택해도 생존이 가능하지만 한국이나 아일랜드 같은 작은 나라는 개방된 무역구조가 사라지면 피해를 입을 수밖에 없다.

아일랜드는 운이 좋았다. 유럽연합(EU)의 회원국으로서 여러 협약 속에 이해관계를 보호받았다. 무역과 경쟁 규칙도 공정하게 적용되었다. 영어를 쓰는 국가라는 것도 강점으로 작용했다. 아일랜드는 유로존 안에서 유일하게 영어를 쓰는 나라다. 유럽을 단일시장으로 만드는 과정에 아일랜드가 기여했다고 생각한다.

1922년 독립 이후 아일랜드는 많은 어려움을 겪었다. 당시에는 정치적 독립뿐만 아니라 시장에서 동맹을 많이 확보하는 것이 중요했다. 영국과는 관계를 유지하면서도 더 이상 의존하지 않으려고 했다. 이런 과정에서 북아일랜드와의 갈등이 마무리되고 영국과 계속적인 협력도 가능하게 되었다.

이제 아일랜드에는 정치적 민주주의, 개방의 가치가 확고하게 자리를 잡았다. 이는 작은 국가들이 21세기에 가져야 하는 특징이기도 하다. 전 세계는 승자 독식이 아닌 원원(win-win) 구조가 되어야 한다. 시리아의 이주민 문제를 봐도 그렇다. 소득 격차가 크게 벌어진 상황에서 모로코나 알제리 사람들이 보기에 스페인의 평균 소득이 더 높다면 당연히 이주하려고 할 것이다. 그러므로 지속 가능한 개발, 균형적이고 포용적 개발이야말로 우리가 나아갈 길이다. 이제 우리 모두의 잠재력을 발휘해야 한다.

"교육 수준이 높은 국가는 잠재력이 크다."

## 교육이 번영의 기반

한국과 아일랜드 모두 국민이 중요한 국가다. 지금처럼 어려운 시기에는 직장에서든, 국가에서든 모두 근본으로 돌아가야 한다. 직장 동료들, 국민들의 잠재력을 충분히 활용하자는 의미다. 생산성을 높이고 생산결과를 최고 수준으로 유지해야만 경쟁이 치열한 이 시장에서 생존할 수 있다.

이처럼 국민들이 잠재력을 발휘하게 만들려면 교육이 핵심이다. 교육 투자를 하지 않는 국가는 미래가 없다. 기존 암기식 교육에만 의존하면 그 국가의 미래세대는 기본적인 의식주조차 보장받기 힘들어질 수 있다.

기업가들은 정부 역할에 대해 '기업 활동만 잘할 수 있게 내버려 달라'고 한다. 그런 식으로는 과거처럼 금융위기가 발생하고 국민들만 희생양이 될 뿐이다. 그러므로 적절한 규제가 필요하다. 상호의존적인 세상에 우리가 살고 있으며 모두에게 공정한 사회가 되어야 한다는 점을 깨닫고 법적인 문제를 해결하는 것이 중요하다. 법에 기반을 둔 사회를 모두가 누려야 한다.

교육 수준이 높은 국가는 잠재력이 커진다. 전 세계의 일들을 비판적으로 생각할 수 있으며 여성의 경제적 참여를 늘릴 수도 있다. 이제는 다수를 위해 소수를 배제하는 사회를 벗어날 때이다. 그 어느 때보다 공정한 기회가 중요하다.

## 지속 가능한 성장은 어떻게 이룰까?

———

국제사회의 여러 기관도 개혁이 필요하다. 21세기를 대비하려면 2차 대전 이후에 만들어진 유럽연합(EU)체제에만 의존할 수 없다. 주요 7개국(G7)도 더 이상 포용적 성장을 논하기 어렵다. 이제는 주요 20개국(G20)이 더 중요한 플랫폼이 됐다. G7에 국한되지 않은 다양한 젊은이가 지도자로 성장해야 한다.

효과적인 해결책을 위한 토론의 장도 만들어야 한다. 예컨대 자본은 충분하지만 여전히 빈곤은 해소되지 않고 있다. 이를 해결할 방법을 찾기 위해선 머리를 맞대야 한다.

한국이 제안한 녹색경제 이니셔티브(Green Economy Initiative)는 그런 면에서 바람직하다. 우리 안에서는 그런 제안이 감사한 일이다. 성장을 위한 지속 가능성이 이제 경제적 목표 중 하나로 인정받고 있기 때문이다. 환경을 존중하고 삶의 질을 높이기 위해 에너지 효율성도 중요하다.

또 하나 중요한 것은 인구문제다. 한국을 비롯한 많은 선진국이 고령화를 겪고 있다. 유럽 전체로 보면 청년층 비중이 낮아지고 있지만 아일랜드는 아직 청년층이 많다. 청년층은 산업이 정착할 수 있는 노동력 기반이 된다. 아직 연금을 4명 중 1명에게만 제공하고 있으며 향후 수십 년간 꾸준히 지급할 수 있을 것이다. 이에 대해서는 장기적인 계획이 필요하다. 평균 수명이 올라가고 있기 때문이다. 사람들이 노후를 위해 저축할 수 있게, 은퇴를 준비할 수 있게 정책을 짜야 한다. 하지만 많은 국가가 이를 제대로 못하고 있다.


## 켈틱 타이거의 위기

————

3년 전 아일랜드도 위기를 겪었다. 한국이 아시아의 호랑이라고 불렸다면 아일랜드는 켈틱 타이거(Celtic Tiger)라고 불렸다. 우리는 성장을 구가하면서 우리의 프로파간다(propaganda)를 믿기 시작했다. 성장만 생각하면서 그 과정의 문제를 생각하지 못한 것이다.

2008년 초만 해도 국제통화기금(IMF)은 아일랜드의 은행권이 세계에서 가장 잘 관리된 수준이라고 했었다. 하지만 그해 9월이 돼서야 우리의 실상을 알게 됐다. 그동안 은행권이 공공부문, 즉 간접세와 거래세에 크게 의존하고 있었던 것이다. 2008년 은행이 어려워지자 모두가 위험에 처하게 되었고 결국 최악의 경기 침체에 직면했다. 다른 국가도 마찬가지였는데 해법을 찾을 시간이 많지 않았다. 그리고 그해 9월 리먼브라더스 사태가 발생했다. 정부 입장에서는 강력한 규제를 시도해야 할 시기였다. 하지만 정치적으로는 부정적인 영향을 받을 것이고 은행권 등 대부분이 환영하지 않을 것이 분명했다.

당시 총리였던 나는 연임이 어려울 것을 알았지만 결단을 미룰 수 없었다. 총리로 있던 마지막 몇 달 동안은 세금 개혁 등 어려운 결단을 해야 했다. 이를 이행하지 않으면 경제가 10년간 더 후퇴했을 것이다. 정당도 중요하지만 국가가 더 중요하다는 생각을 했다. 위기에 빠진 국가의 지도자 역할을 다하기로 했다.

2010년 말에 IMF와 유럽연합의 구제금융을 받았다. 바로 부실채권을 관리하고 처분해야 했다. 인기 없는 정책이었지만 시작했다. 은행이 없다면 경제가 존재할 수 없기 때문이다. 단, 법인세율은 낮게 유지했으며 연구·개발과 관련한 투자는 삭감하지 않았다. 그런 와중에도 산업 활성화를 위한 기업투자청을 만드는 등 장기적인 전략을 세웠다. 차기 정부가 이런 정책을 이어받은 것에 대해서는 높이 평가한다.

아일랜드의 2010년 성장률은 0.4%에 불과했지만 올해는 4~5%를 내다보고 있다. 고용률도 끌어올렸다.

위기일수록 개인이 아니라 국가의 이익을 챙겨야 하는 것이 지도자의 역할이다. 총리였을 때 재선을 노리기보다 정부가 계속 제 기능을 발휘할 수 있게 하는 것, 국가가 위험하면 위험을 벗어나게 하는 것이 내 역할이라고 생각했다.

아일랜드는 이제 본궤도에 올랐다. 경제 성장을 다시 이루고 있다. 이제부터는 바람의 방향이 바뀔 때 빠르게 방향을 전환할 수 있는 유연성이 중요하다.


## 한국, 교육과 서비스에 답이 있다

———

한국의 미래를 낙관한다. 지금은 아시아가 부상하는 시대다. 기술과 부의 격차가 줄어들고 있으며 경제의 균형과 힘이 바뀌고 있다. 아시아 국가로서 한국은 장점이 많다. 개방 경제 국가이며 교육 투자를 많이 하고 있다. 또한 세계에서 일어난 일을 잘 알고 있으며 잘 적응하고 있다.

앞으로 젊은이들은 일생동안 평균 6가지 직업을 경험하게 될 것이다. 이러한 변화에 대처하려면 그에 맞는 교육이 필요하다. 대학이 중추적 역할을 할 수 있을 것으로 본다.

국제 서비스 분야 관련 수출에서는 아직 한국이 아일랜드보다 뒤처진다. 앞으로 이 분야에서 한국의 성장 잠재력이 기대된다.

**Q** 한국의 외국인 직접 투자(FDI) 규모는 아일랜드의 3분의 1에 불과하다. 분단된 국가이기 때문에 어쩔 수 없는 측면도 있지만 과연 한국을 세계화된 경제라고 볼 수 있을지 의문이 생긴다. 제조업만 세계화된 것이 아닌가 싶기도 하다. 은행 등 금융시스템의 자유화가 중요하다고 했는데 아직 한국은 금융 규제가 많다.

**A** 아일랜드는 외국인 투자 유치를 통해 성장했다고 할 수 있다. 유럽연합 단일 시장의 교두보로 아일랜드를 선택하는 기업이 많았다. 법인세율이 12.5%로 낮다는 점도 장점으로 작용했다. 페이팔 같은 IT(정보기술)기업, 제약업체 등이 투자를 하고 있는데 관련 기업에서 일하는 인재의 수준이 높다. 그런 면에서 아일랜드는 한국, 이스라엘과 유치 경쟁을 한다고 할 수 있겠다.

국제 무역의 상황이 달라지고 있다. 과거만 해도 미국의 2~3개 대형 공장에서 수출이 가능한 구조였지만 지금은 맞춤화된 생산이 늘고 있다. 과거에는 석탄을 많이 수출했다면 지금은 컴퓨터를 수출하면서 1톤당 가치가 달라지고 있다. 교통 비용과 물류 비용이 많이 낮아졌다.

아일랜드에 투자하는 기업들에게 그 이유를 물으면 국제 무역의 상황 변화 외에 인재 때문이라고 한다. 사실 인재가 투자 유치의 가장 큰 배경이라고 본다.

**Q** 4차 산업혁명의 흐름에 따라 21세기에 맞는 인재를 육성하는 것이 중요해졌다. 단순히 지식을 이전시키는 것이 아니라 혁신적이고 창의적인 아이디어를 끌어내야 한다. 대학이 오늘날 어떤 역할을 할 수 있을까?

**A** 대학이 중요하다고 생각한다. 대학이 학자들의 연구기관으로만 남을지, 현실로 나아갈 사람들을 위한 준비기관이 되어야 하는지 고민이 있을 것이다.

나는 17살이었을 때 진로에 대해 전혀 생각하지 못했다. 사람들 대부분이 그럴 것이다. 여러 가지 생각을 해보고 대학에 들어간 다음에야 하고 싶은 일을 깨닫는 경우가 많다. 따라서 대학은 여러 가지 선택이 가능하게 해줘야 한다.

**Q** 20세기는 전문화가 필요했기 때문에 대학에 전공이 있었다. 하지만 21세기는 다르다. 전문분야와 지식을 넘어 문제 해결방식, 타인과의 협력이 더 중요해졌다. 대학의 기능을 보면 연구가 중요한데, 업계와 협력을 어떻게 해서 사회적 변화에 발을 맞출 것인가가 고민이다.

**A** 아일랜드에서는 프로젝트마다 6~7개의 대학이 경쟁한다. 각자 독립적인 연구를 위한 재원이 없어서 연구기금을 받는 것이다. 협력을 통해 국내외 대학과 연결된다면 효율적으로 자원을 활용할 수 있다.

아일랜드는 문학, 영화 등 문화산업이 발전했다. 아일랜드에서 영화를 제작할 때 도움을 많이 준다면 향후 사람들이 아일랜드를 영화 제작의 국가로 인식할 것이다. 이런 문화적 자원을 통해 국가를 알리고 관광객도 유치할 수 있다. 이를 위해서는 관료주의에서 벗어나 혁신적이고 유연한 사고를 해야 한다.

마지막으로 사회적 협력의 문제가 있다. 노조와 고용주, 농민과 사회단체 등 여러 주체가 국가의 방향을 함께 논의해야 한다. 정당한 예산을 확보하여 우선순위를 정하고, 정책을 결정하는 파트너십을 만들 필요가 있다. 문화·관광에서 고용을 창출하면 대학을 다니거나 졸업한 젊은이들이 일할 자리가 만들어진다. 이렇게 되면 젊은이들도 주인의식을 갖게 될 것이다.

Q 아일랜드는 환경 변화에 빨리 적응했다고 본다. 아직 한국은 관료주의적인 문화가 여전하다. 세계적인 골프선수와 피겨선수들이 한국에서 많이 배출되는데 이들과 관련된 과목은 교육부에서 관장하는 교육과정에 없다. 한국의 드라마나 가요도 마찬가지다. 공식 교과과정에서 공부하는 분야가 아니다. 이런 측면에서 보면 한국의 공공교육이 빨리 바뀌어야 한다고 생각한다. 현재 한국의 인재들이 국내가 아닌 미국 등 해외에서 교육을 받는 배경이 되기도 한다.

A 변화에 가장 저항적인 사람들은 서비스 제공자이다. 그래서 대학부터 바뀌어야 한다. 학생들은 기회만 있으면 변화하려고 하기 때문에 그 영향으로 민간에서도 파괴적인 변화를 경험할 것이다. 결국 공공부문이 바뀌어야 한다.

해외 교육의 역량을 활용하는 것도 중요하다. 외국에서 학위를 받았다면 이들의 자문 능력을 사회에서 활용한다. 조부모가 한국인이라는 이유만으로 아무런 대가 없이 한국에 자문을 제공해주는 경우도 있다. 아일랜드도 그렇다. 아일랜드 출신의 미국인들이 미국에서 높은 지위에 오르면 아일랜드에 자문을 제공해주고 있다. 글로벌컨설팅사인 맥킨지의 자문을 받을 때 드는 어마어마한 비용보다 부담이 적다. 그래서 아일랜드는 자문을 줄 사람들을 글로벌 네트워킹 차원에서 조직적으로 관리한다.

Q  젊은이들에게 줄 조언이 있다면?

A  젊은이들은 세상 밖에서 다양한 경험을 하고 싶어 한다. 미디어의 영향으로 사람들의 생각은 세계적으로 비슷해지고 있다. 다양한 시각을 배우려면 세계로 나아가야 한다. 문화적 교류도 중요하다. 또한 개방적 자세도 필요하다. 세계로 눈을 돌리고 정치에도 관심을 가져야 한다.


**유병규 산업연구원 원장과의 대담**

브라이언 카우언 전 총리는 주기적으로 사회적 대타협을 시도하는 문화가 있었기 때문에 아일랜드가 금융위기를 더 빠르게 극복할 수 있었다고 말했다. 정부의 씀씀이를 조절하고 부실을 털어내는 일은 인기가 없고 힘든 작업이지만 1987년부터 3년마다 정부, 노동계, 재계, 비영리기구 등과 함께 합의를 이루는 전통 덕분에 꼭 필요한 구조조정을 서로 신뢰하며 추진할 수 있었다는 사실도 알려줬다. 〈글

로벌 인재포럼 2016〉 기조연설 후에 유병규 산업연구원 원장과 따로
만나 대담을 진행했다. 유병규 원장은 '아시아의 호랑이' 한국과 '켈
틱 타이거' 아일랜드가 비슷한 점이 많다며 아일랜드에서 정책적으
로 배울 점을 찾으려고 애썼다.

**Q  2000년대 초에 경제가 급성장한 아일랜드는 2008년 글로벌 금융위기 때 어려움을 겪었지만 위기를 빠르게 극복했다. 어떤 정책을 펼쳤는지 궁금하다.**

A  정부 지출을 크게 줄였고 은행 시스템을 뜯어고쳤다. 국가자산관
리공사(NAMA)를 만들어 740억 유로 규모의 부실채권을 넘기고
정리 작업을 했다. 부동산 관련 대출을 많이 해준 대형 은행들의
상황이 매우 좋지 않았기 때문에 빠르고 투명하게 정리하도록 했
다. 그러나 교육 등 중요한 부분에 대해서는 지출을 줄이지 않았
다. 그 결과, 위기가 발생한 후 18개월 만에 마이너스 성장률을
플러스로 돌려놓을 수 있었다.

**Q  사실 긴축정책은 국민과 야당에 인기가 없는 정책이다.**

A  정말 엄청나게 어려운 일이었다. (웃음) 그나마 1987년 이래 정립
된 사회적 파트너십 문화 덕분에 수월했다고 본다. 각 주체가 '내
가 얼마나 힘든가'를 설명하면 다른 주체가 그 어려움을 이해하
는 분위기가 조성되어 있었다. 제시하는 방향으로 진행하면 몇
년 안에 우리의 경쟁력을 다시 회복할 수 있으며 정부의 재정 주
도권을 유럽연합 등에서 되찾아올 수 있다는 공감대가 형성되었

다. 실업 등 고통을 겪게 된 노동계가 마지막 1~2일간은 파업을 했다. 대놓고 정부안을 받아들이지는 않았다. 하지만 그 정도에서 그쳤다. 포르투갈이나 스페인에서 벌어진 거리 시위와는 성격이 달랐다.

**Q** 한국도 가계부채가 폭증하고 집값에 거품이 끼고 있다. 아일랜드는 부동산과 가계부채 문제에 어떻게 대처했나?

**A** 금융위기가 오기 전 아일랜드 정부는 공공부채를 64%(1997년)에서 23%(2007년)로 줄이는 데만 신경을 쓰고 가계부채는 별로 신경을 쓰지 않았다. 집값 상승이 좋은 현상이라고 착각했다.

1999년 유로존(유로화 사용 19개국)에 들어가고 경제 상황이 좋다 보니 각종 지표가 개선됐고 은행들이 주택담보대출을 계속 늘렸다. 은행 덩치가 계속 커졌고 새로 등장한 은행이 경쟁에서 이기려고 무리하게 낮은 금리로 대출하는 바람에 거품을 더 키웠다. 정부와 감독 당국의 실수였다. 최악의 경우에 대한 시나리오를 준비해놓지 않았다. 하는 수 없이 은행 산업 자체를 정리하고 덩치를 줄이면서 대출기준을 강화해 위기를 넘겼다. 그나마 미국처럼 서브 프라임(저신용자를 대상으로 한 주택담보대출)은 없었다. 대출기준이 너무 완화되어 생긴 문제였다.

**Q** 아일랜드는 한국보다 외국인 직접 투자를 많이 받는다.

**A** 법인세가 낮기 때문이다. 1990년대 후반 30%였던 법인세를

2000년대 초까지 단계적으로 12.5%까지 끌어내렸다. 특혜를 주지 않고 투명하게 법인세를 인하하자 오히려 법인세수가 4배로 늘었다. 기업 친화적인 정책을 취해서 얻게 된 큰 케이크의 12.5%가 작은 케이크의 30%보다 크다.

**Q 국가 기관의 홍보도 한몫했다.**

A 1949년 설립된 산업개발청(IDA)의 역할이 컸다. 다국적 기업을 상대로 아일랜드의 장점에 대해 이야기하고 트렌드를 재빠르게 파악했다. 정보통신기술(ICT), 바이오제약, 바이오 엔지니어링 등 새롭게 떠오르는 분야에 관한 정보를 정부 정책에 곧바로 반영했다. 금융위기가 발생했을 때 전 세계의 외국인 직접 투자는 30% 감소했지만 아일랜드는 4% 줄어드는 데 그쳤다.

**Q 혁신기업들이 아일랜드 투자를 선호하는 이유는 무엇인가?**

A 투자를 하려는 외국인의 절반은 연구·개발(R&D)과 혁신에 관련된 일을 한다. 법인세나 정책보다 어떤 사람을 고용할 수 있느냐를 중요하게 여긴다. 아일랜드 사람들은 한다면 하는 사람들이다. 이런 부분을 외국 투자 기업들이 높게 평가했다. 또한 외국의 일류 벤처캐피털이 아일랜드 중소기업과 함께 일할 수 있는 환경을 만들기 위해 노력했다. 위기 상황에서도 이런 부분에 쓰는 돈은 아끼지 않았는데 경기 사이클이 바뀌었을 때 큰 도움이 됐다.

**Q** 법인세가 낮은 이유도 있지만 애플 등에 특혜를 줬다는 의혹도 있다. 공식 세율 12.5%가 아니라 1~2%가 적용됐다는 이야기도 있다.

**A** 그 때문에 EU 집행위원회가 우리를 크게 비난했다. 애플이 이용한 방법은 '더블 아이리시(아일랜드 내에 2개의 법인을 세워 수익원을 분산하는 조세회피 방법)' 라는 것이었다. 당시 아일랜드 법체계의 맹점을 이용한 행위다. 4년 전에 이 맹점을 없애기 위해 법을 개정했다. EU 집행위원회가 지적한 것은 세법 개정 전의 문제이다.

**Q** 애플이 탈세한 것이 아니라 아일랜드 정부와의 특별한 협약이 있었다고 알려져 있다.

**A** 그렇지 않다. 그런 주장에 대해 나와 다음 정부는 강력하게 반박하고 있다. 애플이 제도의 맹점을 악용한 것뿐이다. 애플은 현재 세금을 제대로 내고 있으며 이제는 그런 편법을 사용할 수 없다. 그리고 EU 집행위원회는 아일랜드가 애플에 세금을 거둬서 유럽의 다른 국가에 나눠주는 관문 역할을 해야 한다고 주장하는데 그것은 실용적이지 않고 할 수도 없다. 그래서 애플과 아일랜드 정부가 함께 EU 결정에 항소한 것이다.

**Q** 양국은 모두 교육열이 높은 나라다. 4차 산업혁명시대에 맞는 교육정책은 무엇이 있을까?

**A** 너무 실용적인 것만 가르치지 말고 인문학, 사회학, 문학 같은 교양도 많이 가르쳐야 한다. 그래야 '엉뚱한 생각' 을 많이 하는 사

람이 나온다.

아일랜드는 6~17세까지 무상으로 중등교육을 하고, 고등교육(3차 교육)은 학문 중심과 기술 중심으로 나뉘어서 하고 있다. 순수하게 기술만 전공한 사람은 문제를 단순하게 접근하지만, 기술을 전공하지 않은 사람이 의외의 접근방식을 통해 문제를 풀기도 한다. 경제 생산성을 높이는 차원에서만 교육을 보지 말고 미래세대의 부모이자 시민사회 구성원을 길러내는 것으로 봐야 한다.

**Q** 지속 가능한 성장을 위해서는 부의 재분배 문제를 합리적으로 해결하는 것도 중요하다.

**A** 아일랜드에서도 불평등 이슈는 큰 문제다. 자유시장경제를 장려하고 리스크에 보답하는 것도 좋지만 모든 사람을 포괄하는 성장을 해야 한다. 최대한 많은 사람에게 혜택을 줘야 한다. 최대한 일자리를 창출하면서도 재분배를 최적화하는 정책 조합이 중요하다.

아일랜드에서는 금융위기가 발생한 후 사고방식이 많이 변했다. 다 같이 이 문제를 해결해야 한다는 공감대가 형성됐다. 그래서 최저시급 대상자의 경우 소득세는 내지 않지만 최소 5% 정도의 '보편사회세(Universal Social Charge)'를 내도록 했다. 좋을 때 선심성 정책을 쓰면 나쁜 시절에 조세 저항에 직면한다. 오히려 좋을 때 이런 세원을 확보해야 나쁜 시절에 대비할 수 있다.

**Q** 위기 상황 때문에 목표를 낮추고 타협한 것도 있을 것으로 생각된다.

**A** 그렇다. 타협을 하지 않으면 갈등이 조장돼 정국이 마비되고 국민의 일자리가 위협받을 수도 있었다. 사실 제대로 내 뜻을 설명하지 못했다고 생각한다. 그다음 선거에서 지지를 별로 받지 못했으니까. 하지만 시간이 지난 뒤 많은 사람이 이해해줬다. 그것이 정치다. 뭔가를 해야 하는데 시간이 허락하지 않는 경우가 많다. 그러므로 시간이 있을 때, 할 수 있는 것을 해야 한다.

**Q** 후회하는 것도 있을 것 같다.

**A** 왜 없겠는가. 위기가 닥치기 전에 (위기의 징조에 대해) 많은 대화를 나누지 않았다. 정치 구도도 대립적이었다. 그래도 총리로서 해야 하는 것을 했고, 그에 만족한다.

**Q** 한국에 대해 조언하고 싶은 말이 있는가?

**A** 한국과 아일랜드는 경제 구조가 비슷하다. 제조업은 한국이 크지만 서비스업에서는 규모가 비슷하다. 한국이 앞으로 성장하려면 국제 교역, 서비스업에 더 집중해야 한다. 아일랜드도 그런 정책에 집중한 덕분에 수도 더블린에 세계적인 지식기반산업 관련 기업의 본부를 유치했다.

한국이 잘할 수 있는 것에 집중해야 한다. 교육의 강점, 개방성, 수출 주도 방식은 지금까지 유효하게 작동했다. 빠르게 변화하는 사회일수록 정부가 안정되고 일관성 있는 정책을 갖고 사회적인 단합을 이루는 것이 중요하다.

**브라이언 카우언** / 아일랜드 더블린대 법학과를 졸업하고 아일랜드 하원의원, 노동부 장관, 외무장관, 부총리 겸 재무장관 등을 거쳐 아일랜드 총리를 역임했다. 정치 생명을 걸고 아일랜드의 IMF 구제금융을 받아 금융위기를 극복하는 토대를 마련했다. 노련한 행정가이자 솔직하고 우직한 정치인으로 평가받고 있다.

## 04

# 마음을 챙겨서
# 새로운 나를 만들어라

|

**엘렌 랭어**(하버드대학교 심리학과 교수)

———

엘렌 랭어 교수는 마음의 힘을 강조하는 학자로 유명하다. 1979년에
'시계 거꾸로 돌리기 실험'을 통해 80세 전후 고령자들을 대상으로
60대였을 때의 환경을 재현한 스튜디오에서 살게 하자 신체 지표가
'다시 젊어지는' 현상을 확인했다. 이후부터 진행한 실험을 통해 '마
음 챙김(mindfulness, 有心)' 상태와 '마음 놓침(mindlessness, 無心)' 상태에
서 신체 반응이나 업무 결과가 각각 어떻게 달라지는지를 실증적으로
뒷받침하여 심리학과 행동경제학 등에 큰 영향을 미쳤다.

엘렌 랭어 교수는 이번 포럼의 기조연설에서 주변 상황이나 규칙이
바뀌었는데도 관성적으로 과거의 방식을 답습하려는 자세를 '마음을
놓친 상태'라고 규정했다. 이런 상태를 고치면 스트레스와 괴로움 주

던 상황을 180도 바꿀 수 있다고 강조했다. 생각하는 방식을 바꾸는 것만으로도 집중도를 높이고 혁신을 이루며 리더십을 발휘할 수 있다고 역설했다.

오늘 발표하려는 것은 40년간 연구해온 개념이다. 이 개념을 충분히 이해하기 위해서는 직접 경험을 해봐야 한다. 그러면 자연스럽게 이해될 것이다. 우리 대부분은 마음 놓침 상태이다. 이런 문제점의 해결책, 일상생활에서 겪는 어려움의 해결책을 찾아보도록 하자.

45세 이상은 눈길에서 운전할 때 미끄러질 수 있다고 생각되면 브레이크를 살짝 밟는다. 지금은 눈길에서 급제동 시 미끄러지는 것을 방지하게 위해 ABS(Anti-lock Break System)가 장착된 차가 나온다. 이제는 미끄러질 것 같으면 브레이크를 살짝 밟아야 하지 않고 세게 밟아야 제동이 잘된다. 하지만 처음에 알게 된 것, 처음에 배운 것을 반복하시는 사이에 익숙해지면 규칙이 바뀌어도 처음에 하던 것 그대로 하게 된다. 어제의 해법으로 오늘의 문제를 해결하는 것이다. 이것을 멈춰야 한다.

최근에 물건을 사고 신용카드로 결제할 때 겪은 일이다. 신용카드에 서명이 되지 않은 것을 발견하고 신용카드 뒷면에 서명을 했다. 그리고 점원에게 받은 영수증에 같은 서명을 했다. 그런데 점원이 신용카드와 영수증의 서명을 대조하는 것이 아닌가. 방금 자신의 눈앞에서 신용카드와 영수증에 서명을 했으니 동일한 것은 당연한데도 말이다. 굳이 확인할 필요가 없었는데 그냥 관성적으로 본 것이다.

마음 놓침 상태 때에는 기회를 충분히 활용하지 못한다. 우리가 어떤 것을 하든지 마음 챙김, 또는 마음 놓침 상태 중 하나다. 강의를 들을 때도, 운동을 할 때도 그렇다.

인간관계 등에서 문제가 발생하거나 고통을 받고 있다면 마음 놓음 상태라고 볼 수 있다. 그래서 마음 챙김 상태를 하도록 훈련을 하면 생산성, 심리적, 육체적으로 더 나아질 수 있다.

과거에는 기존의 방법을 고집했다. 마음 놓침 상태는 과거에 알게 된 방법을 계속하는 수동적인 모습이다. 과거가 현재를 지배하고, 변화된 맥락을 잘 느끼지 못하며 규칙이 삶을 지배하는 상태다. 반대로 마음 챙김은 알아채는 것이다. 자신이 생각할 때 아닌 것 같으면 따르지 않는다.

마음 챙김은 삶에 대한 가이드라인을 제공한다. 새로운 것을 알아채는 것은 사회 작용의 핵심이다. 이것을 이해하면 실제로 모든 것이 다 맞아 떨어진다. 단순히 암기하고 스트레스 받던 것이 혁신적인 상태로 바뀐다. '내가 알고 있다고 생각했던 것이 실제로 알고 있던 것이 아니다' 라는 사실을 깨닫게 된다.

또한 마음 챙김은 건강을 개선하고 성과도 좀 더 낼 수 있게 해준다. 다른 사람들도 나의 마음 챙김 상태 여부를 알아채면서 나에 대해 '카리스마가 있다', '매력이 있다', '신뢰감을 느낀다' 등으로 생각한다.

몇 년 전에 간단한 연구를 한 적이 있었다. 우리 연구진은 잡지 판

"마음 챙김은 인생의 가이드라인이 된다."

매원을 두 그룹으로 나눴다. A그룹에게는 암기한 그대로 영업을 하라고 했으며, B그룹에게는 마음 챙김을 알게 만들려고 자신들만의 방법으로 영업하라고 유도했다. 그 결과, 잡지 구매와 상관없이 B그룹이 고객에게서 '카리스마가 있다' 라는 평가를 받았다.

흔히 여성 지도자는 다른 사람을 잘 돌보는 약한 사람이라는 편견이 있다. 그러나 여성스럽다, 남성스럽다 등은 상관이 없는 문제다. 마음 챙김 상태가 되면 상대방은 내게서 카리스마를 느끼고 신뢰를 받을 수 있다. 이것은 리더십에 매우 효과적인 요소다.

마음 챙김 상태의 여부는 흥미롭게도 누군가가 생산한 제품을 통해서 알 수 있다. 그 제품을 통해 만든 사람이 보이는 것이다. 20년 전부터 그림을 그리기 시작했는데 마음 챙김 상태에서 그린 것이 더 좋다는 평가를 받는다.

마음 챙김이 리더십과 관련 있다는 점이 매우 흥미롭다. 오케스트라와 관련된 연구를 예로 들어보겠다. 미국에서 오케스트라 단원들은 사회적으로 지위가 높다. 똑같은 음악을 연주하기 때문에 조금 지루한 사람들이라고 생각하는 경우도 있다.

마음 놓침 상태로 유도하려는 그룹에게는 최고의 실력으로 연주했던 기억을 떠올리면서 그대로 연주해달라고 요구했다. 반대로 마음 챙김 상태로 유도하려는 그룹에게는 미묘하게 조금씩 바꾸면서 연주해달라고 요구했다.

두 그룹의 연주를 녹음해서 연구에 대해 전혀 모르는 사람들에게 들려줬다. 차이가 나는지, 어떤 연주가 더 좋은지를 물었다. 사람들은 대부분 마음 챙김 상태인 그룹의 연주를 선택했다.

논문을 준비하면서 알게 된 것도 있다. 보통 조직의 꼭대기에 있는 사람들은 자신이 다 하기를 원한다. 하지만 그것보다 리더라면 직원들의 마음 챙김 상태를 유지하도록 주문해야 한다. 단순히 뭔가를 외워서 반복적으로 하게 만들지 말고 마음 챙김을 하도록 요구해야 굉장히 큰 결과를 만들 수 있다.

말에게 핫도그를 준다는 사람을 만난 적이 있었다. 나는 말은 육식동물이 아니니 핫도그를 먹을 리가 없다고 생각했다. 그런데 그 말이 그 사람이 주는 핫도그를 먹는 것이 아닌가! 그 순간 나는 깨달았다. 그동안 외운 것, 정규 교수가 되기 위해 했던 모든 것이 다 잘못됐다는 것을 말이다.

과학은 확률에 기반을 둔 학문이다. 동일한 연구를 하면 동일한 결과가 나온다. 어떻게 보면 당연한 결과다. 그런 결과가 교과서, 강연에서는 절대적인 팩트(fact)로 소개된다. 그러나 '말은 육류를 먹지 않는다'라는 이야기는 확률적인 문제일 수도 있다. 절대적인 것이 아니다. 말은 보통 육류를 먹지 않겠지만 먹을 가능성이 전혀 없다고는 할 수 없었던 것이다.

'1+1'이 뭘까? 항상 그 답이 2는 아니다. 십진법의 경우에는 맞겠지만 이진법이라면 10이 된다. 설탕물에 설탕물을 더하면 1이다. 다시 한 번 강조하지만 우리가 배운 것은 '특정한 맥락 속의 상황'에 대한 내용이다. 맥락을 벗어나면 그 답이 달라질 수 있다.

팩트는 불확실한, 제한된 상황에서 존재한다. 그래서 결정을 내릴 때 불확실성이 있어도 우리는 안다고 생각하고 의문을 제기하지 않는다. 가능성의 심리학이라고 할 수 있다. 예를 들어, 우리는 왜 2.0 이상으로는 시력이 좋아질 수 없다고 생각하는 걸까? 우리는 우리의 정신, 마음을 제약하는 이런 사고방식에서 벗어나야 한다.

물론 상식에 도전하는 일은 쉽지 않다. 철학자 쇼펜하우어는 새로운 아이디어가 처음에는 조롱을 받고 그다음에는 격렬한 반대를 받지만 세 번째에는 자명한 사실로 받아들여진다고 했다. 아인슈타인도 지금은 말도 안 된다는 것이 나중에는 맞기도 한다고 말했다.

사람들은 선악을 나눠서 판단한다. 그러나 어떤 상태나 사람이 원래 선하거나 악한 것은 아니다. 우리의 시각 차이일 뿐이다. 선이라고 보면 다 해야 한다고 생각하고, 악이라고 보면 하지 말아야 한다고 생각한다. 하지만 이것이 우리의 시각, 관점의 문제라고 생각한다면 다른 삶을 살 수 있다.

혁신은 실패에서 비롯되는 경우가 의외로 많다. 3M의 포스트잇도 마찬가지다. 강력한 접착력을 가진 접착제 개발에 실패했지만 실패 요인인 약한 접착력으로 할 수 있는 것을 찾다가 포스트잇을 개발한 것이다. 용도를 바꾼 것이다.

기껏 만든 서리 제거기가 의도와 달리 식물을 죽이는 것을 알게 된 후 눈을 뿌리는 기계로 바꿔 히트친 사례도 있다. 인생에서 겪는 실패를 과거와는 다른 방식으로 보고 생각할 수 있다. 실패를 어떻게 이용하느냐에 따라 미래가 바뀌는 것이다.

아시아에서는 실패를 두려워하는 경향이 있다. 하지만 실패는 다른 맥락에서 성공이 될 수 있다. 예를 들어보자. 잘 속는다는 것은 잘 믿는다는 것으로, 충동적인 것은 활발하다는 것으로, 경직됐다는 것은 일관성이 있다는 것으로 좀 더 긍정적으로 볼 수 있다. 산만하다는 것은 다른 방향으로 잘 끌린다고 보면 어떨까?

우리는 자신에게 문제가 있다고만 생각한다. 하지만 아이들의 주의력 결핍이 정말 아이들 때문일까? 선생님이 재미없게 가르치는 것은 아닐까? 아니면 선생님의 강의가 도움이 되지 않는 것은 아닐까? 누구의 시각이냐에 따라 생각은 얼마든지 달라질 수 있다.

주변 사람들에게 경직되어 있으니 성격을 바꾸라는 말을 듣는 경우도 있다. 그러나 경직되고 싶어서, 사람들에게 피해를 주기 위해서 딱딱한 사람이 되는 것은 아니다. 차라리 그런 모습을 안정적이고 믿을 수 있는 사람이라는 좋은 측면으로 볼 수도 있다.

마음 챙김 상태에서 산다면 다른 사람들을 덜 비판적으로 볼 수 있다. 모든 것은 항상 변하고 현상도 항상 바뀐다. 그런 변화를 인식하고 있어야 한다.

마음 챙김의 문제는 심신의 통합성(mind-body unity)과도 관련이 있다. 생각이 몸에 영향을 준다는 것인데 전 세계적으로 널리 퍼져 있는 인식이다. 몸은 정신이고 정신은 몸이라는 의미다. 비가시적인 마음과 물리적인 몸은 서로 연결되어 있다. 이 둘을 연결시키는 것은 문제가 없다. 우리의 마음을 여러 독특한 곳에 두고 신체에 미치는 반응을 관찰해볼 수도 있다.

주요 연구 중 하나가 '시계 거꾸로 돌리기 실험'이다. 한국에서도 모방 실험이 진행된 적이 있다. 실험 당시에는 80세가 고령이었다. 그래서 80세 전후의 사람들을 피험자로 선정했다. 지금은 80세가 '새로운 60대' 같지만 그때는 고령이었다.

피험자의 20년 전 환경을 만든 다음, 마치 과거에 살고 있는 것처럼 돌려놓았다. 동일한 장소로 데려간 비교군도 있었다. 현재는 현재, 과거는 과거로 인식하게 한 그룹과 과거를 현재처럼 생각하게 한 그룹으로 나눠서 연구를 진행했다. 그 결과, 20년 전 환경을 구현한 곳에 거주한 피험자들의 청력이 좋아졌다는 이야기를 듣게 되었다. 심지어 힘도 세지고 시력도 좋아진 경우도 있었다.

또 다른 연구 결과가 있다. 호텔 종업원을 상대로 지금 하는 일이 운동이라고 생각하도록 유도했다. 그러자 일을 '운동'으로 인식한 사람들은 실제로 체중이 줄었고 신체 질량지수, 허리와 엉덩이 둘레, 혈압지수 모두 내려갔다. 사고방식의 변화로 인해 신체의 결과가 달라진 것이다.

시력 검사를 하기 위해서는 안과에 가서 시력표를 읽어야 한다. 글자가 점점 작아지는 시력표를 보면 '언젠가는 이게 안 보이게 될 것'이라는 인식을 갖게 된다. 그렇다면 시력표를 거꾸로 뒤집으면 어떨까? 언젠가는 시력이 좋아질 수 있다는 기대감을 가질 수 있지 않을까?

시력은 의학 분야와 깊은 연관이 있다. 병원에 가서 시력표의 글자를 보면서 시력을 평가받는다. 그런데 배가 고프면 잘 보이지 않을 수 있다. 오전일 때와 오후일 때 시력이 다를 수 있다. 상황에 따라서 달라질 수 있는 시력에 대해서는 잘 인정하지 않는다. 공군 제복을 입기 전과 입은 후에 시력의 결과가 차이 난다는 연구 결과도 있다. 자신이 공군이라고 자각할 때 시력이 더 좋게 나오는 것이다.

우리가 질병의 통제를 생각보다 잘할 수 있다는 것이 내 결론이다. 제2형 당뇨병에 관한 연구를 할 때였다. 참여자 3분의 1 앞에는 일반 시계를, 3분의 1 앞에는 2배 빠른 시계를, 3분의 1 앞에는 실제 시간보다 느린 시계를 놓고 일하게 했다. 연구 결과, 인지되는 시간에 따라 반응하는 것으로 나타났다. 인지에 따라 신체가 혈당을 조절할 수 있다는 것이다. 문제 해결에 관심을 보이면서 마음 챙김 상태를 유지하면 증상이 좋아진다고 볼 수 있다.

만성질환과 관련해서 그 증상이 항상 같다고 생각하지만 실제로 똑같지 않다. 같다고 생각하는 바람에 질환에 대한 통제를 잃는 것이다. 만성통증이 있다고 생각하면 항상 아프겠지만 아플 때도 있고 아닐 때도 있다고 생각한다면 상황은 달라진다. 난독증 환자의 경우 100개 단어 중에 5개 단어 정도 못 읽는다. 95%는 읽는다고 생각하면 상황은 다르게 전개될 수 있다. 결국 마음 챙김 상태가 된다면 개선될 수 있다는 의미다. 건강 등과 관련해서 무한한 가능성이 있다.

천식환자에게는 호흡을 돕는 도구가 필요하다. 그런데 '언제' 필요한가에 대해서는 생각이 다를 수 있다.

뇌 손상, 우울증 등과 관련된 연구 결과에 따르면 가짜 약을 먹어도 증상이 개선되는 '플라시보 효과'가 관찰되고 있다. 위약을 먹었는데 기분이 좋아졌다면 스스로가 낫게 하고 있는 것이다. 위약을 먹어서 나은 것이 아니다.

사회적, 문화적 신호에 무의식적으로 반응한다는 것이 중요하다. 그러므로 우리는 '실제로 존재한다'라고 믿는 통념에 도전해야 한다. 사고와 기대치를 조금만 수정해도 가능하다. 건강, 영양 상태, 낙관주의, 활력까지 모두 바꿀 수 있다.

마음 챙김 상태가 되면 신체적, 정신적으로 많은 이익을 얻을 수 있다. 뉴런이 활성화되고 수명도 늘어날 수 있다. 잠재력을 제한하는 생각을 바꿀 수도 있다. 기대 이상의 효과를 얻을 수 있는 것이다.

**엘렌 랭어** / 뉴욕대 심리학과를 졸업하고 예일대학교에서 사회임상심리학으로 박사학위를 받았다. 하버드대 심리학과 여성 최초의 종신교수다. 인식이 정신 건강과 신체에 미치는 영향을 40년 넘게 연구했다. 마음 챙김과 노화, 의사결정, 학습과 교육 등을 주제로 11권의 책과 200편의 연구 논문을 집필했다.

▶ 박찬모: 명상을 통해 마음 챙김을 하라는 사람도 있는데 그 반대로 명상이 필요 없다고 주장하고 있다.

▶ 엘렌 랭어: 지난 40년 동안 연구한 개념은 서양과학의 관점이다. 물론 동양의 불교와 같은 개념도 연구했다. 동양에서 말하는 마음 챙김도 알고 있다. 명상은 하나의 도구이다. 명상은 마음 챙김으로 가기 위한 좋은 도구이지만 그 이상의 것은 아니다. 목적지까지 기차, 자동차, 비행기 등으로 다양하게 갈 수 있다. 명상을 통해 가든, 내 방식으로 가든 상관없다. 자신이 모르는 것을 받아들이고 새로운 것을 인지하면 마음 챙김 상태에 도달할 수 있다.

불교의 기준에서는 어려운 수련의 하나로 생각될 수 있다. 그러나 마음 챙김은 쉬운 방식이다. 에너지를 소비하는 것이 아니라 에너지를 얻게 해준다. 도달하려고 하는 결과는 같다. 물론 명상은 가끔 현실과 동떨어진 수련만 할 가능성이 있다.

마음 챙김은 명상과는 다르다. 아까 설명했듯이 육식동물이 아닌 말도 경우에 따라서는 고기를 먹을 수 있다. 사람들이 변화를 선호하도록 만드는 것이 중요하다.

▶ 정재승: 마음 챙김과 마음 놓침의 정도를 어떻게 측정할 수 있는가?

▶ 엘렌 랭어: 마음 챙김의 척도가 있지만 불완전하다. 박찬모 대표가 개발할 것으로 기대하고 있다.

일반적으로 어떤 사람이 후회 또는 분노를 표현하고 있다거나 누군가를 비난한다면 마음 놓침 상태에 있다고 보면 된다. 마음 챙김 상태에서는 자신이 선택을 하기 때문에 스트레스를 받지 않는다. 물론 자꾸 게으름을 피우고 할 일을 미룬다면 마음 놓침 상태라고 할 수 있다. 만일 다른 일 대신 강연을 한다면 선택을 한 것이지 미룬 것이 아니다. 자신이 의식적으로 이 시간에는 이런 일을 한다고 생각하면 부정적인 감정을 못 느낀다. 대체로 행복하다고 생각한다면 마음 챙김 상태라고 할 수 있다.

▶ 박찬모: 마음 챙김에 관한 이론은 타당성, 신뢰도가 있다. 이 이론을 한국 교육에 적용해야하는 시점에 왔다고 생각한다. 많은 한국 학생과 학부모들이 엘렌 랭어 교수의 연구에 관심이 많다. 그러나 한국 학생들의 1차 목표는 시험 준비. 이런 현실에서 어떻게 연구 결과를 적용할 수 있다고 보는가?

▶ 엘렌 랭어: 관점을 달리 하는 것의 중요성을 강조하고 싶다. 농담을 적은 카드에 각각 점수를 매기도록 한 연구가 있었다. 한 그룹에는 점수를 매기는 것이 '일'이라고 설명했고, 다른 그룹에는 '게임'이라고 설명했다. 결과적으로 일이라고 생각한 그룹이 전혀 재미가 없었다는 반응을 보였다. 또한 이 작업을 더 하려면 얼마를 받을 것이냐는 질문에 '게임'이라고 규정한 그룹보다 '일'이라고 규정한 그룹이 더 높은 금액을 불렀다.

무엇을 하든, 재밌게 할 수도 있고 힘들게 할 수도 있다. 공부든, 일이든 마찬가지다. 잘 나가는 사람은 마음 챙김 상태에서 재미있게 한다. 모든 것을 게임처럼 할 수 있다. 결국 내가 어떤 관점을 갖느냐에 따라 스트레스의 강도는 달라진다. 스트레스를 받을 수 있지만 왜 스트레스를 느끼는 걸까? '실패하면 어떡하지?', '그 일이 일어날 텐데… 그러면 끔찍할 텐데…'라는 생각에서 스트레스는 시작된다(사실 걱정했던 일이 일어나지 않을 수도 있다).

우선 일어나지 않을 가능성 3가지를 임의로 생각한다. 그다음 단계로 그 일이 일어났더라도 끔찍하지 않을 수 있는 이유 3가지를 생각한다. 이런 식으로 하면 스트레스를 줄일 수 있다.

아이들을 키울 때에는 '꿀(긍정적 인센티브)이 벌을 부른다'라는 말을 기억하라고 학부모들에게 당부하고 싶다. 어른의 관점을 억지로 주입하지 말고 아이의 관점을 이해

해줘야 한다. 그리고 정답을 유도하지 말고, 모든 것은 (바뀔 수 있는) 조건부임을 강조해야 한다. 이를테면 모래에 모래를 더하는 상황에서는 1 더하기 1이 1일 수 있다. 1 더하기 1이 2라는 것은 특정한 상황에서만 그렇다는 식으로 맥락을 고민하도록 유도해야 창의력을 촉진할 수 있다. 완전히 새로운 해답을 찾을 수 있다는 말이다.

▶ 정재승: 정부나 기업에서의 마음 챙김은 어떻게 작동하는가?

▶ 엘렌 랭어: '일은 이렇게 하는 것'이라는 틀을 깨야 한다. 굳어 있는 사고를 풀기 위한 방법이 여러 개라는 것을 알려준다. 예전에는 맞았던 방식이 지금 상황에서는 맞지 않을 수 있다. 예를 들어, 보통 휠체어를 보면 병원이 그려진다. 휠체어 디자이너가 그런 인식의 틀에 갇혀 있기 때문이다. 최근에 나온 세련된 스타일의 휠체어는 휠체어의 의미를 새롭게 규정한 결과다.

남아프리카공화국에 간 적이 있다. 화려한 리조트에 머물렀는데 사용하지 않는 구역이 있었다. 현지인들은 그 구역을 알고 있었지만 경영진은 보지 못했다. 모두가 (상황이 개선되는 것에) 일조할 수 있고 기여할 수 있다는 것을 받아들일 때 번영이 가능하다.

마음 챙김 상태에서는 더 혁신적으로 일할 수 있다. 다 같이 참여할 수 있도록 해야 한다. 실수나 잘못이 있더라도 궁극적으로 이익을 얻을 수 있는 것이다.

개개인이 즐거움을 느끼도록 격려해야 한다. 또한 가치 있는 사람으로 인정받을 수 있도록 해야 한다. 잘 속는 사람을 볼 때 관점을 달리 해서 잘 믿는 사람이라고 보는 식이다. 마음 챙김 상태인 사람이 주변 사람을 소중히 여긴다면 주변에서도 느낄 수 있다. 그러면 그 주변 사람들도 열심히 일하게 된다.

교육과 관련해서도 마찬가지다. 교육제도, 교과서, 교사 등을 모두 개선해야 한다. '말은 초식동물'이라고만 가르치지 말고 반드시 그렇지 않다는 점, 상황에 따라 다를 수 있다는 점을 가르쳐야 한다.

일과 삶의 균형(work-life balance)을 추구하라는 말이 있다. 이 속에는 일은 힘들다는 개념이 숨어 있다. 회사생활이 당연히 힘들다고 생각하면 개인에게도, 회사에게도 좋지 않다. 평가에 집착하기 때문이다.

회사에 있든지, 집에 있든지 똑같은 사람이라면 좋겠지만 환경에 따라, 행동에 따라 맥락이 달라진다. 지지를 받는 환경이라면 나는 훌륭한 사람이 되지만 반대 상황에서는 그렇지 못하다. '내성적이다', '외향적이다'도 맥락에 따라 다르게 평가된다. 이러한 맥락은 누가 만드는가? 자신이 만든다는 것이다. 어떤 환경에서 내가 위축되는지, 어떤 환경에서 편안한지를 스스로 파악할 필요가 있다.

▶ 청중: 마음 챙김을 어떻게 알 수 있는가?

▶ 엘렌 랭어: 실천이 어려워서 그렇지 방법은 간단하다. 마음 챙김 상태가 되기 위해서는 자신이 모르는 부분이 있다는 사실을 받아들여야 한다. 모르는 것이 있으면 질문하고 집중하게 되기 때문이다. 모르기 때문에 신경 쓰고 발전할 수 있다. 내가 느끼는 부정적인 것은 마음 놓침 상태라서 그렇다. 싫어하는 상황과 사람이 있지만 항상 그것을 싫어하지 않는다. 자신감을 갖되 모르는 것이 있음을 알아야 한다. 불확실성이 존재한다는 점도 깨달아야 한다.

그러면 어떻게 항상 신경을 쓸 수 있을까? 새로운 곳과 사람을 만나면 새로운 점을 느끼게 된다. 어렵지 않은 방법이다. 새로운 것일 경우에는 참여하면 된다.

'이해하지 못하면 어떻게 하지?', '틀리면 어떻게 하지?'라는 생각이 두려움을 낳는다. 누가 "당신은 ○○한 사람이지?"라고 하면 그렇지 않다고 하기보다는 인정하고 다른 관점으로 보면 된다. 예전에는 나를 정신병자라고 보는 사람도 있었다. 누군가 당신을 X라고 비난하면 X가 그렇게 나쁘지 않다고 말할 수 있어야 한다.

▶ 청중: 교통사고를 당했을 때 마음 챙김을 해본 결과, 통증이 사라진다는 것을 느꼈다. 하지만 마음 챙김을 의식적으로 하면 효과가 있겠지만 너무 피곤할 것 같다.

▶ 엘렌 랭어: 그런 오해가 많다. 하지만 정반대다. 마음이 깨어 있을 때 에너지를 소모하는 것이 아니라 새로운 것을 인식하고 에너지를 얻는다. 뇌가 피곤해진다면 마음 챙김 상태가 아니다. 지루함, 스트레스 때문에 뇌의 휴식이 필요한 것이지 마음 챙김의 경우에는 휴식이 필요하지 않다. 평화로운 상태, 예를 들어 꽃에 대해 생각하는 것은 마음 챙김 상태이다. 자신에게 어떤 얘기를 하느냐가 중요하다. 건강, 행복, 인간관계에 통제력을 가질 수 있다.

▶ 정재승: 어떻게 불확실한 상황에서 스트레스를 줄일 수 있을까?

▶ 엘렌 랭어: 다른 사람들은 아는데, 나만 모른다면 스트레스를 받는다. 지금 이 자리에서 여러분이 제 강연에 대해 동의를 할지, 어떤 질문을 할지 모른다. 겁이 난다고도 할 수 있다. '강의가 실패하면 어떡하지?'라고 생각할 수 있다. 또한 전 세계를 돌면서 강의를 하는데 스스로 지루해질 수도 있다. 똑같은 상황인데 어제와 다르게 오늘은 스트레스가 될 가능성이 있는 것이다. 그런 경우에는 어떤 면이 내게 친숙한지를 생각한다. 친숙함을 느낄 때 새로운 것을 볼 수 있다.

공개토론이 끝난 후, 엘렌 랭어는 추가로 한국경제신문과 단독 인터뷰를 진행했다.

Q 사람들은 기존 생각의 틀을 바꾸려고 시도하지 않는다. 왜 그럴까?

A 현상을 유지하려는 성향이 있기 때문이다. 또한 절대적인 것을 좋아한다. '성공이란 ??이다'라는 식으로 딱 부러지게 결론짓기를 바란다.

Q 로봇, 인공지능(AI) 때문에 일자리가 줄어들 것이라는 불안감이 있다.

A 깨어 있는 상태를 유지하려는 자세야말로 자동화된 로봇 같은 경직성에 대한 해법이자 해독제이다.

Q 스스로 얼마나 깨어 있는 마음을 유지한다고 생각하는가?

A 마음이 굳어 있을 때는 자기가 느끼지 못하기 때문에 객관적으로 평가하기는 어렵다. 그렇지만 40년 가까이 나 스스로 이 이론의 설득력을 검증하려고 노력했다. 항상 열린 마음을 유지한다고 할 수는 없어도 남들보다 좀 더 깨어 있으려는 경향이 있다고 생각한다.

Q 저성장과 취업난, 고령화 등에 시달리는 한국의 청년들에게는 마음을 달리 가지라는 말이 한가하게 들릴 것 같다.

A 절망스러운 상황에서는 그럴 수 있다. 마음의 중요성을 강조한다고 해서 밥을 안 먹어도 된다는 소리는 아니다. 그러나 희망을 갖고 문제를 해결할 의지를 가질 수 있다. 가난해도 행복할 수 있고, 부유해도 행복하지 않을 수 있다. 최소한의 물질적 필요를 갖추는 것은 행복의 필요조건이지만 충분조건은 아님을 되새겨야 한다.

## 05

—

# 인재 발굴이
# 더 나은 미래를 만드는 길이다

|

**다니엘 자이프만(와이즈만연구소 소장)**

기술의 급속한 발전이 세상을 풍요롭게 하고 있지만 기술과 인간이 유리되는 사회적 문제도 증가하고 있다. 인간과 기술이 공존하는 데 도움이 되는 기술은 무엇이며 그런 기술을 통해 지속 가능한 세상을 이뤄 나가는 일은 가능할까? 더 나아가 인류를 풍요롭게 만들 새로운 기술은 무엇이고 그런 기술이 그리고자 하는 세상의 모습은 어떤 것일까?

이스라엘 최고의 과학 산실이자 수많은 노벨상 수상자를 배출한 와이즈만연구소가 글로벌 도전과제 해결에 과학기술이 어떻게 기여할 수 있는지를 제시한다.

'어떻게 더 나은 미래를 만들 것인가?'에 대해 말하려고 한다. 아주 좋은 주제다. 우리가 미래를 예측할 수는 없기 때문에 스스로 미래를 개척하는 것이 중요하다.

과학은 수세기 전에 탄생한 근대의 산물이다. 과거에는 추측과 미신, 신비주의가 팽배했다. 과학은 이러한 신앙 시스템의 대응으로 시작됐다.

과학의 기초라고 할 수 있는 증거 기반이 미래를 예견하는 데 매우 중요하다. 과학은 증거와 데이터를 기반으로 한다. 미래를 예측하는 것도 마찬가지다. 단순하게 꿈을 꾸는 것이 아니라 오늘의 현실을 이해하는 것을 기초로 미래를 예측해야 한다.

과학 기술은 최근 20~30년 동안 사회에 큰 영향을 미쳤다. 페이스북, 트위터 같은 플랫폼 기술이 사회의 모습을 완전히 바꾸고 있다. 우리의 행동에 영향을 미치고 있는 것이다.

이제 과학자로서 질문을 던지겠다. 과연 우리가 기술의 미래를 진짜 예견할 수 있을까? 3~4년이 아니라 30~40년 이후를 예측할 수 있을까? 한국을 예로 들어보자.

'아름다운' 과학 기술이 한국에서 펼쳐지고 있다. 과거 20~30년 전만 해도 예상하지 못했던 기술들이 확산되고 있다. 이처럼 과학 기술은 예측이 어렵다. 과학자들조차 명확하게 기술의 미래를 점칠 수 없다. 1970년에 유명한 컴퓨터회사로 DEC(Digital Equipment Corporation)가 있었다. DEC 회장은 집에 컴퓨터를 놓아야 할 이유가 전혀 없다고 했다. 그러나 지금은 어떠한가? 집에 컴퓨터 하나씩 있다. 현업에 있는 사람조차도 미래를 점칠 수 없다. 과학 기술의 미래를 예견한 사람이 있지만 그건 운일 가능성이 높다.

과학 기술의 미래를 예측할 수 없다면 무엇을 근거로 투자할 수 있을까? '차세대 과학 기술을 어떻게 간파하고 투자하느냐'에 대한 질문이기도 하다.

과학 연구를 단순하게 조망해보자. 기초과학은 무엇일까? 연구를 통해 전 세계의 운영방식을 정하고 우주와 인류를 이해하기 위해 근본적 조사를 하는 것이다. 기초과학은 지식의 보고다. 그 보고에는 많은 사람이 기여한다. 하나의 통 안에 과학자 열 명이 지식을 넣는다. 한 명의 과학자가 혁신적인 기술을 개발하는 것이 아니라 여러 사람이 축적한 지식을 통해 기술이 개발되는 것이다. 이 지식이 보고에 가득 차면 '산업화를 시키는 건 어떨까?', '새로운 시장을 개발하는 것은 어떨까?'라는 논의 끝에 새로운 제품이 탄생한다.

수백 년 전에 있었던 산업혁명은 증기 엔진을 기반으로 시작됐다. 과학자들은 사실 증기 엔진의 작동원리를 정확히 이해하지 못했다. 기계가 만들어지고 나서야 이해가 생겼다. 시장에 나오는 의약품들도 마찬가지다. 이해하는 사람이 많지 않다. 중요한 것은 병이 치료될 수 있다는 사실이다.

가장 중요한 도구는 인간의 호기심이다. 인간의 호기심은 엄청난 연료와 같은 역할을 한다. 이를 기반으로 과학 기술이 발전해왔다. 또한 존재하는 것조차 모르는 것이 급진적인 변화를 가져올 수 있다.

사실 과학자들은 세계에 대해 알고 있는 것이 별로 없다. 그런데

"혁명은 인재가 만든다."

어떻게 무언가를 발견할 수 있을까? 예를 들어, 엑스레이를 어떻게 발견했는지 보자. 엑스레이 이전에는 방사선을 활용해서 뼈를 찍을 수 있다는 것을 몰랐다. 그렇다면 전혀 모르는 것을 어떻게 발견했을까? 독일의 물리학자 뢴트겐은 진공관을 전극에 연결시켜서 움직이는 전극을 보는 실험 중이었다. 어느 누구도 관심 없는 지루한 실험이었다. 지루한 결과를 계속 그래프로 그렸다. 그런데 실험 도중에 벽에 있는 빛을 봤다. 그리고 이 빛이 진공관으로부터 발생한다는 것을 확인했다. '껐다', '켰다'를 반복하면서 나무 덮개로 덮어봤다. 나무 덮개를 통과해서 빛이 반사되는 것이 아닌가. 부인을 불러서 사진을 찍었다. 어떠한 전략이 있었던 것이 아니라 호기심과 행운이 겹쳐져서 발견되었고 이를 통해 과학적 발견이 이뤄졌다.

우리가 매일 사용하는 GPS(Global Positioning System)를 보자. 꽤 훌륭한 발명품이지만 GPS는 상대성 이론이 없으면 무용지물이다. 상대성 이론 이후 GPS 개발까지 수백 년이 걸렸지만 아인슈타인은 이 기계(GPS)가 탄생될 것을 상상도 못했을 것이다. 이 정도 시간이 걸려야만 지식을 이용해서 과학 기술의 발명을 통한 제품이 탄생하는 것이다. 호기심이 세상의 변화를 가져올 수 있다는 것은 확실하다.

200~300년 전 영국에 양초 연구를 위한 R&D 기금이 있었다. 더 나은 촛불을 만들기 위해 연구를 한 것이다. 얼마나 많은 돈이 새로운 양초를 개발하기 위해 쓰였을까? 하지만 계속 양초만 연구했다면 전기는 없었을 것이다. 호기심을 갖고 완전히 다른 공정에서 세상의 원리를 이해하기 위한 노력의 결과로 전기가 나왔고 더 나은 미래가 만들어진 것이다.

인간의 호기심은 발견의 가장 중요한 도구다. 현재 존재하는 여러 장비도 처음에는 호기심에서 출발했다. 레이저, 페니실린, 비아그라, 전자레인지. 테플론, 감미료, GPS 등은 처음 연구단계부터 그 어떤 용도가 있었던 것은 아니다. 그동안 연구·개발은 특정문제를 해결하기 위해 시작된 것이 아니라 대부분 원리 작동기제를 이해하려고 노력했던 사람들로부터 시작됐다.

목적이나 문제를 볼 경우에는 어떤 특정 방향으로만 가도록 종용하게 된다. 예를 들어, 학교에서도 "문제가 있으니 해결을 위해 투자하자!"라고 지시하는 것이 일반적이다. 하지만 미처 알지 못하는 부분이 있기 때문에 그런 식으로 연구·개발이 진행되면 안 된다.

진정한 과학 연구는 자기가 하는 일을 정확하게 이해하지 못하는 과정에서 시작된다. 그렇다면 불확실성이 존재하는 과정에서 어떻게 프로그램을 효율적으로 관리하고, 전략은 어떻게 짜야 할까? 재무적 관점에서는 어떻게 봐야 하며 산업으로 연결하기 위해서는 어떻게 해야 하는가?

연구와 관련해서는 기초 연구도 있고 응용 연구도 있다. 기초 연구는 벌어들일 수익이 높지만 리스크가 크다. 요즘은 기초 연구 관련해서 투자가 줄어들고 있다. 불확실성을 지양하려는 움직임이다. 하지만 결과를 모르고 연구하는 것도 필요하다. 사실 기초 연구는 미래 발전을 위해 가장 중요하다.

연구기관은 지식을 창출하는 것에서 그쳐야 한다. 그 대신 산업체가 제품화를 시도해야 한다. 정부가 학계, 기관들에게 제품화를 하라고 압력을 많이 가하는데 바람직하지 않다. 과학자는 사업가가 아니다. 시장도 모른다. 아인슈타인이 제품을 만들 수 있을까? 만들기만 하면 실패할 것이다. 과학 기술 관련 연구는 시장의 니즈(needs)를 이해하는 것보다는 세상의 작동기제를 이해하는 것이 중요하다.

와이즈만연구소는 항상 호기심에 초점을 둔 연구만을 진행한다. 수학, 물리학, 생물학, 화학, 과학의 근본적 요소를 연구한다. 엔지니어링이나 정치적 문제를 다루지 않는다. 기초과학만 연구하는 플랫폼을 제공하며 다학제적인 연구를 한다. 현재 고등교육 관련 프로그램을 만들고 있는데 일종의 대학원 과정이다. 학부과정은 없다. 기초

과학에 대한 호기심이 가장 중요하다. 그렇게 학생을 영입하고 교육하면서 미래 과학자를 양성한다. 연구소에 250개 연구그룹, 4,000여 명이 일하고 있다. 연구 예산은 4억 달러 정도가 된다.

전략은 단순하다. 미래를 예측할 수 없기 때문에 과학적 전략은 짜지 않는다. 모든 영역이 중요하다고 생각하기에 어떤 특정영역에만 한정적인 투자를 하지 않는다. 여러 연구 중에서 어떤 것이 가장 중요한지 누구도 답을 할 수 없다. 주제보다 인재를 적재적소에 배치하는 것이 중요하다.

또한 과학자들이 주도한다. 과학이 아니라 과학자들에게 투자한다. 인재에게 투자하는 것이지 주제에 투자하지 않는 것이다. 예를 들어, 누가 내게 암 연구가 중요하다고 해봤자 소용이 없다. 암 정복은 중요하지만 호기심과 물리학이 있었기 때문에 CT, MRI 등의 기기가 개발되었다. 암이 중요하지 않다는 말이 아니라 관여하고 있는 과학자가 누구인지가 중요하다.

올바른 인재를 찾아내고 발굴하는 것이 중요하다. 와이즈만연구소는 60년 동안 이 부분에 가장 집중했다. 호기심, 열정이 있는 과학자를 인재로 보고 고용한다. 그다음이 지식이다. 물론 지식은 중요하지만 지식에만 초점을 두면 지금 상황만 이해할 뿐이고 미래를 예견하지 못한다. 알고 있다는 것을 아는 사람은 위험하다. 또 다른 무언가를 발견할 여지가 없다.

과학자는 자신의 아이디어, 자신의 영역이 있어야 한다. 정부가 나노기술 연구를 하라고 결정해서 그 연구를 하는 것이 아니라 자신만의 독창적인 목표와 관심을 갖고 연구를 해야 한다. 레이저, 전자레인지 같은 혁신기술은 인재들이 필요한 인프라와 자금을 지원받아 개발할 수 있었다.

새로운 가치가 있는 과학지식을 어떻게 창조할까? 아무도 모른다. 그래서 훌륭한 인재를 발굴해야 한다. 그다음에 최고의 물리적, 인적 인프라를 제공해야 한다. 이러한 추가적인 자원으로 아이디어를 개발할 수 있어야 한다.

위험을 감수할 기회도 제공해야 한다. 위대한 과학자 대부분은 실패한다. 성공률은 3%도 안 될 것이다. 실패를 해야만 성공한다. 연구소에서는 사고의 자유를 보호하는 것을 가장 중요하게 여긴다. 과학자들은 각자의 지식을 갖고 있기 때문에 각자 사고하고 독립성을 갖는다. 연구기관은 최고의 과학자들을 따라가야 한다. 우리보다 더 많은 것을 알고 있기 때문이다.

'이 연구가 효과가 있을까?'에 대한 평가기준은 무엇인가? 과학연구와 관련한 품질과 영향은 어떻게 측정할 것인가? 어디로 향하는지 모르는데 어떤 영향을 갖는지에 답할 수는 없다. 그 기준은 사실 존재하지 않는다. 주관적인 등급 매기기는 위험하다. 왜냐하면 많은 사람이 같은 생각을 하지 않기 때문이다. 우리에게 필요한 것은 혁신적인 생각인데 순위를 매겨서는 혁신이 만들어지지 않는다. 완전히 다른 생각을 하고 있는 사람을 모아야 한다. 이렇게 사람을 모으는 와중에 우리 연구기관이 1등을 해야 한다면서 순위를 매기는 일에는 연연하지 않는다.

다음에 올 과학혁명은 무엇일까? 사실 모른다. 뭔지는 모르겠지만 누가 만들지는 알고 있다. 뛰어난 과학자들이 만들 것이다. 지식과 호기심을 갖고 열정적인 아이디어가 있는 과학자가 혁명을 이룰 것이다.

**다니엘 자이프만** / 이스라엘 테크니온 공대에서 물리학 학사학위, 분자물리학 박사학위를 받았다. 미국 아르곤국립연구소, 독일 막스플랑크연구소 디렉터를 역임했으며 현재 와이즈만연구소 소장으로 있다. 와이즈만연구소는 이스라엘 최고의 생명과학 연구기관이자 기초과학 분야에서 세계 5대 연구 · 교육기관이다. 노벨상 수상자를 여러 명 배출했다.

## 06

# 디자인적 사고가
# 기업을 바꾼다

마틴 다비셔(탠저린 대표)

영국의 디자인컨설팅회사 탠저린은 비행기 (비즈니스) 좌석이 일자로
반듯해야 한다는 고정관념을 깨고 S자로 디자인을 했다. 그 덕분에 항
공사는 기내 공간을 15% 정도 넓힐 수 있었다.

마틴 다비셔 대표는 비즈니스 영역에서도 '디자인 사고'를 적용하면
뛰어난 성과를 낼 수 있다면서 앞으로 디자인적 사고를 통해 고객이
추구하는 가치를 알아낸 다음, 제품에 적용시키는 과정이 필요하다고
강조했다.

탠저린은 27년 정도 된 디자인컨설팅회사다. 혁신적인 디자인을 통

해 소비자의 행복도를 높이고 기업 수익성도 제고하는 일을 하고 있다. 조직원은 35명 정도로 많지 않지만 다문화적인 팀으로 움직인다. 조직원의 90%는 영국 본사가 아닌 해외에서 일한다.

탠저린은 샤프, 닛산, LG, 화웨이, 삼성 등과 일을 해왔다. 대기업들은 여러 산업에 대한 지식을 종합할 수 있다는 면에서 탠저린을 찾는다. 그리고 고객의 경험을 계속 변화시키는 디자인들을 내놓고 있다. 이 과정에는 눈으로 보이는 것뿐만 아니라 소비자들의 경험이 무엇보다 중요하다.

스페인에서 셉사(CEPSA)와 일을 할 때는 고객들이 주유소에서 시간을 많이 보내도록 하는 디자인 작업을 진행했다. 그냥 주유만 하고 가는 것이 아니라 주유소에 오면 총체적인 경험을 할 수 있도록 했다. 탈레스항공과 일할 때는 항공기 안에서 엔터테인먼트를 하는 새로운 비즈니스 모델을 디자인하는 데 주력했다.

호텔을 한 곳에 두는 개념을 탈피한 이동형 호텔도 고안했다. 케세이퍼시픽항공과 일할 때는 작은 것에 초점을 맞췄다. 좌석의 머리받침대를 바깥쪽으로 늘려서 쉽게 당겨지도록 디자인을 했다. 약간 조정한 것 뿐이지만 이코노미석이라도 더 편안하게 앉게 되었다. 이니스프리 서울 매장은 고객의 경험을 확보하고 여러 가치를 시연할 수 있는 시험 장소로 활용하는 방향으로 디자인을 했다.

결국 디자인이 중요하다는 말이다. 디자인 경제에 관련한 영국 통계를 보면, 디자인부문이 영국에서 9번째로 많은 사람을 고용한다. 그리고 디자인 인력이 다른 분야 사람보다 생산성이 41%가 높다는 통계도 있다. 디자인은 창조적인(creative) 산업의 축이자 소프트 파워를 발생시키는 근원이다. 좀 더 가볍고 쉽게 다가가며 정서에 민감하게 반응하는 미래를 만드는 힘이 바로 소프트 파워다.

디자이너들이 갖고 있는 기술을 한번 보자. 디자이너들은 뭔가를 착안하고 손에 잡을 수 있도록 만들어준다. 사람과 공감대를 형성하는 것이다. 행동을 통해 학습하며 새로운 것들을 의미 있게 만드는 능력이 있다. 모호한 것을 좀 더 잘 이해될 수 있는 방향으로 정리해준다.

새로운 것들을 시험하고 작동할 수 있도록 반복적으로 노력한다. 사람들이 새로운 콘셉트를 이해하고 연관성을 가질 수 있도록 돕는다. 그런 과정에서 가치를 더할 수 있는 새 솔루션(solution)을 제공한다. 큰 변화를 주도하기 때문에 많은 리스크가 따르기도 한다.

디자인적 사고에 대한 이야기는 이미 많다. 디자인 방법론에 대해 배울 학교도 많다. 꼭 디자이너가 되지 않더라도 디자이너적인 관점에서 다양한 것들을 분석하고 결론을 도출하는 사고방식이 중요하다. 분석적인 사고와 직관적인 사고의 결합방법에 대해 알 수 있다.

과거에는 많은 사람이 디자인적 사고가 적합한 것인가에 대한 의문을 제기했다. 디자인적 사고만 한다고 해서 스마트한 디자이너가 될 수 없다는 지적도 있다. 하지만 디자인적 사고는 디자인 자체에 대한 오해를 불식시킨다. 복잡한 것을 단순하게 제시해주고 쉽게 적용하게 만들어 변화들을 추진하는 데 동력이 된다. 디자인적 사고의 과정에서 학습을 많이 할 수도 있다. 조직의 역량을 높이는 데도 도

"디자인적 사고는 사용자 중심적 사고다."

움이 된다.

디자인적 사고는 사용자 중심적 사고다. 사람에 초점을 맞추기 때문이다. 디자이너는 비즈니스와 수익성에 대한 감각을 갖고 있어야 한다. 물론 마법 같은 소프트한 부분도 중요하다. 이 두 부분의 균형을 맞춰야 한다.

디자인적 사고를 비즈니스 성과로 어떻게 연결시킬까? 해결해야 하는 문제들이 굉장히 복잡해지고 있다. 반복적으로 굉장히 많이 탐험하고 모색하지 않으면 해결하기 힘들다.

다이슨은 새 기술을 통해 진공청소기를 혁신했다. 그다음으로 팬도 개발했고 헤어드라이기도 개발했다. 하지만 연구할 때에는 15년이 걸렸다. 5,127개의 시제품을 만들고 나서야 비로소 성공적인 모델을 얻었다. 그 결과, 15억 달러에 달하는 엄청난 가치를 가진 기업이 된 것이다.

물리적인 제품이 아닌 서비스업체인 우버를 보자. 우버는 이미 2009년에 시장의 판도를 바꿨다. 아직 한국에서는 우버가 운영되고 있지 않지만 전 세계 100여 개국에서 운영되고 있다. 기업 가치는 66억 달러가 넘는다.

탠저린이 2000년에 진행한 프로젝트가 있다. 영국항공과 함께 수평적으로 눕는 좌석을 개발했다. 3억 달러가 투자되었지만 12개월 만에 모두 회수했다. 2006년에 실제 항공기에 설치되었는데 승객이 자기만의 개인적인 공간 안에 들어갈 수 있도록 했다. 항공기 내에서 경험할 수 있도록 하는 혁신적인 디자인이었다. 2006년에 처음 출시된 이후 계속 적용되고 있다.

사실 디자인은 어려운 과정이다. 지금까지 우리가 해왔던 디자인을 보면 공통적인 성공요인이 있다.

첫째, 독특하고 독창적인 요소를 담고 있어야 한다. 둘째, 무형의 가치까지 실현해야 한다. 셋째, 아이콘을 중심으로 브랜드를 구축하고 브랜드의 메시지를 전달해야 한다. 넷째, 다른 회사와 어떻게 차별이 되는지 디자인을 통해 보여줘야 한다. 경험을 구현하기 위해 노력했으며 브랜드가 고객과 만나는 접점에서 차별성을 전달했다.

디자이너는 단순히 물체 또는 서비스에 대해 고민하는 것이 아니다. '이 디자인이 이 목표에 부합하는지' 등의 질문을 하면서 다양한 목적과 목표를 생각한다.

영국에 히드로 익스프레스라는 공항철도가 있다. 공항에서 패딩턴 역까지 연결되는데 지하철보다 비싸지만 15분 만에 중심부까지 도달한다는 장점이 있다. 히드로 익스프레스에서 올림픽을 대비해 객차 내부를 바꿔 달라는 의뢰가 들어왔다.

일등칸 디자인을 하는 과정에서 왜 사람들이 굳이 돈을 많이 지불하면서 일등칸을 타는지 고민했다. 그렇게 현 상태를 분석해 나아질 수 있는 방법들을 찾았다. 보통 가장 평범한 것, 가장 잘 아는 것, 익숙한 것을 파악한 다음에 통념을 깨는 방식으로 디자인을 한다. 혁파하는 작업을 수반하는 것이다.

처음에는 어떤 승객이 타는지, 그 승객이 일등칸을 어떻게 이용하는지 관찰, 분석했다. 출장으로 혼자 다니는 승객이 많았고 15분밖에 걸리지 않으니 굳이 머리 위 선반에 짐을 올리지 않았다. 가급적 짐을 옆에 두려고 했다. 이런 승객의 니즈를 분석하고 그 니즈를 제대로 충족시켜주는 해결방법을 고민했다. 환경뿐만 아니라 서비스 경험, 디지털 기기까지 살펴봤다.

기존에는 일등칸도 두 사람씩 서로 마주보고 가도록 되어 있었다. 그런데 일등칸에 타는 승객은 혼자 다니는 것에 익숙해서 굳이 다른 승객과 같이 있고 싶어 하지 않았다. 이 부분에 집중해서 디자인을 하기로 했다.

1~2인석으로 만들었으며 머리 위 선반을 없애고 옆에 짐을 놓게 했다. 창문에 줄무늬를 넣어서 마치 블라인드가 있는 분위기를 조성했다. 또한 앱을 통해 표를 구매하게 해서 굳이 누군가가 다가와 표

를 확인할 필요가 없게 했다. 전반적으로 승객이 일등칸에서 누릴 수 있는 경험의 수준을 높였다.

디자이너는 디자이너끼리만 일하지 않는다. 다양한 계층의 다양한 사람과 협업한다. 그래서 다양한 산업에 대한 지식과 전문성을 갖고 있어야 한다. 이 경험은 주요한 산업별의 통찰력을 모아 무엇이 잘되고 무엇이 잘못되는지 판단하는 능력을 갖추게 한다. 나도 전 세계 각지를 여행하면서 강연도 하고 새로운 비즈니스를 발굴한다. 늘 한 영역에 머무르는 것이 아니라 새 영역에 도전한다. 늘 성공만 한 것은 아니지만 성공과 실패를 반복해 경험한다. 실패도 의미 있는 경험이기 때문에 성공하는 데 참고가 된다.

**김도연 포스텍 총장과의 대담**

Q 왜 회사 이름이 탠저린인가? 그리고 항상 일등칸 같은 고급 디자인 컨설팅만 하는가?

A 탠저린의 이름은 단순하다. 이름이 회사의 멍에가 되는 것을 원치 않았다. 유럽에서 탠저린은 친숙한 단어다. 쉽게 인식할 수 있고 발음도 쉽다. 탠저린의 또 다른 의미인 오렌지 색깔은 번영을 상징한다. 오렌지라는 단어도 고려했지만 이미 통신사 이름으로 쓰이고 있어서 탠저린으로 했다.

일등칸 같은 디자인만 하는 것은 아니다. 케세이퍼시픽항공에서 디자인한 좌석은 이코노미석이다. 이코노미석은 오늘날 일반적으로 정형화되어 있기 때문에 바꾸는 것이 쉽지 않다. 그러므로 비즈니스 모델을 바꿔야 한다. 많은 항공사가 좌석을 판매하는 것과 별개로 부가적인 수익을 추구한다. 부수적인 수익에 초점을 맞추다 보니 사람들이 편안함을 느끼는 기본적인 서비스에 오히려 초점을 못 맞추고 있다. 그러한 통념을 깨는 디자인을 제시하는 데 집중했다.

Q **트위터 같은 무형산업의 고객과는 어떻게 일을 진행하는가?**

A 만약 서비스 상품이라면 서비스로 느낄 경험을 바꾸면서 잘 팔리도록 컨설팅을 한다. 매장에서 물질적인 유형의 제품을 판매하는 것이 아니라 서비스를 주로 판매하는 회사도 디자인을 의뢰한다. 우리의 작업 결과가 유형의 사물이 아닌 경우도 있다.

Q **훌륭한 디자이너가 되기 위해서는 디자인 지식이 필요한 것인가?**

A 디자인을 할 수 있는 기회를 얻는 것이 중요하다. 그동안 디자이너의 역할에 대한 오해가 있었다. 디자이너들의 잘못이기도 하지만 이제 디자인적 사고라는 개념이 대두되면서 디자이너가 어떤 작업을 하고 어떤 식으로 사고하는지 이해하게 됐다.

디자이너는 위험을 많이 감수하는 사람이다. 기업 입장에서는 위험을 줄이고 싶어 하니 그 과정에서 기업과 협의해야 한다. 물론 쉽지 않은 경우도 많다.

영국항공과 음향좌석 콘셉트로 만든 시제품을 100명에게 시범적
으로 선보였는데 상당수가 뒤로 가는 느낌이 싫다고 평가했다.
또한 비즈니스 클래스 라운지에서 2,500명을 대상으로 조사했을
때도 부정적인 반응이었다. 그래서 적절한 시장조사를 할 수 있
는 팀이 조사를 해야 한다. 조사에서 발견한 문제의 맥락을 이해
한 다음, 적절한 답을 찾아야 하기 때문이다.

Q 직원들을 위한 HR(human resources)을 재디자인한다면?

A 몰입에 대한 디자인을 할 때도 있다. 감정에 대한 디자인이다. 대
기업에는 디자인팀이 있다. 이 팀의 팀원들을 완전히 조직 내에
서 빼온다. 그리고 회사 밖의 환경에서 다른 방식으로 바라볼 수
있도록 해준다. 사실 조직에 속해 있는 디자인팀은 산업박람회를
가면 다른 경쟁사가 어떻게 하는지만 보는 데 그친다. 디자인팀
이 완전히 다른 문화적인 경험을 하도록 해야 한다. 파격적으로
디자인할 수 있도록 말이다.

Q 직원 수가 적은데 이유가 있는가?

A 사업 규모를 키우면 맨 위에 있는 최고경영자는 인력 관리에 치
중하게 된다. 경영진도 흥미로운 일을 하고 싶어 한다. 새로운 수
익 창출을 위해서 경영 관리에 치중하기보다는 흥미로운 일을 하
고 싶어서 직원 수를 늘리지 않는다.
중국에 있는 회사들 중 천문학적인 규모로 갑자기 커진 경우도

있다. 하지만 수익성이 그리 높지 않고 재미있는 프로젝트도 하지 못 한다. 우리는 조직을 슬림(slim)하게 운영하면서 흥미로운 프로젝트도 하고 있다. 더 크다고 더 나아지는 것은 아니다. 더 크면 클 뿐이다.

Q 어떻게 새로운 세대들에게 훌륭한 디자인 교육을 받을 수 있도록 할 수 있을까?

A 디자인을 공부한 소수만이 디자인 전문가가 될 수 있다고 생각하는데 꼭 그렇지만은 않다. 기본적으로 지식을 전제로 교육해야 하지만 그것보다 작업의 전체적인 맥락을 이해하는 능력이 중요하다.

디자인을 제대로 할 수 있는지 알려면 그 맥락을 이해했는지 보면 된다. 포트폴리오만 보고서는 디자인을 할 수 있다, 없다 등을 알기가 쉽지 않다. 그보다는 예를 들어 수정이 필요한 디자인 과제를 주고 하루 만에 해보라고 하는 것이 낫다. 그러면 좀 더 평가하는 데 도움이 된다.

**마틴 다비셔** / 영국의 센트럴 세인트 마틴스 칼리지 오브 아츠 앤드 디자인에서 산업디자인학을 전공했다. 세계적 디자인컨설팅사 IDEO 시니어 디자이너를 역임했으며 디자인업계에서 혁신적 디자인과 전략 분야의 전문가로 인정받고 있다. 애플의 아이폰 디자이너 조너선 아이브와 함께 탠저린을 공동 창업했다.

## 07

—

# 상상력에 채워진
# 자물쇠를 풀어라

|

진 블록(UCLA 총장) 외

———

아인슈타인은 한 인터뷰에서 "상상력은 지식보다 중요하다"라고 말했다. 또한 지식에는 한계가 있지만 상상력은 진보를 자극하고 진화를 낳으며 이 세상 전부를 끌어안는다고 말했다.

상상력은 창조적 융합의 원동력이다. 창의융합형 인재는 인문학적 상상력과 과학 기술 관련 창조력으로 새로운 지식을 융합해 가치를 창출할 수 있다.

무한한 가능성을 가진 학생들을 선발하여 학문 간의 경계를 뛰어 넘고 도전을 꿈꾸는 창의융합형 인재를 육성하는 대학의 혁신적인 사례를 분석하기로 했다. 상상력을 이끄는 교육이란 무엇이며, 대학은 학생들의 선발방법과 창의적인 인재로 기르는 과정에 대한 답을 구할 수 있을 것이다.

## 상상력을 이끌어내는 대학 교육

### 진 블록(UCLA 총장)

대학은 수백 년 동안 계몽을 이끄는 역할을 해왔다. 그러나 오늘날 대학은 더 큰 역할을 해야 한다. 학습의 장에서 머무르는 것이 아니라 사회 이동성을 높이고 혁신을 추진하는 동력을 제공해줘야 한다. 참고로 UCLA에는 외국에서 이주한 가정의 학생이 많다.

과학 기술분야와 관련하여 대학의 혁신에 대한 요구가 많고 대학 교육의 역할과 가치에 대해서도 논의가 활발하다. 미국에서는 많은 언론과 책을 통해 대학 교육이 현재 충분한 가치가 있는지에 대한 의문이 제기되고 있다. 학부모들은 학생이 대학교를 졸업하고 재정적 자립이 가능한 능력을 가질 수 있는지에 대해 의문을 갖고 있다. 그래서 많은 학생이 인문학보다 경제나 기술 관련 학문을 선택한다.

미국뿐만 아니라 많은 국가가 대학을 유지하는 비용에 대해 고민하는데, 특히 인문학과정을 유지하는 비용에 대해 더 고민하고 있다. 어떻게 보면 인문학과정은 노동시장에 직접 영향을 끼치지 않는다. 그러나 고등교육에서는 다양한 측면이 강조되어야 한다.

오늘날 고등교육기관에 대한 지역사회와 개인들의 기대치가 높아지고 있으며 실제로 많은 사람이 대학으로 오고 있다. 대학에서 기술 교육을 받아 창업하거나 재교육을 받고 다시 노동시장에 진입하기

"학생들에게 도전하도록 지원해야 한다."

도 한다. 이러한 부분을 대학교가 해주길 원하고 있다. UCLA도 어느 때보다 많은 11만 9,000명의 입학지원서를 받았다. 한국만큼이나 고등교육에 대한 수요가 미국도 높다. 그렇다고 직업에 대해서만 가르치는 것은 안 된다. 대학은 비판적인 사고를 하고 지역사회에 기여할 수 있는 사회 지도자를 양성하는 역할도 해야 하기 때문이다.

UCLA에는 인문학 전통을 이어오는 프로그램들이 있다. 인본주의적인 텍스트를 독해하고 분석하는 교육을 통해 역동적인 세계에 적응할 수 있는 적응 역량을 학생들이 기르도록 한다.

학생들은 졸업 후에 여러 차례 진로를 바꾸게 될 것이다. 현재 고용주들은 기술자들에게 코딩 같은 단순한 기술 외에도 인문학적인 지식을 요구하고 있다. 복잡한 아이디어를 명확하게 전달하면서 상대방을 설득할 수 있어야 한다. 또한 현재 상태에 대해 이의를 제기할 수 있어야 한다.

물론 모두가 인문학을 전공해야 하는 것은 아니지만 이공계라고 해도 인문학을 접할 수 있어야 한다. 그래서 UCLA는 학생들이 학교에서 보내는 시간의 25%만을 전공과목에 투자하고, 나머지 75%는 전공 외 분야에 할당하도록 하고 있다. 아일랜드 소설가 제임스 조이스는 '실수는 발견의 출발점'이라고 했다. 우리는 학생들에게 도전하도록 도와주고, 실수를 해도 괜찮은 환경을 제공하려고 한다. 대학교육이야말로 실패를 통해 학습할 수 있는 좋은 환경이다. UCLA는 미술, 철학 등이 녹아있는 커리큘럼을 제공하고 있는데 21세기에 가장 필요한 교육이라고 본다. 물리학과 고전에 대한 강의를 강화하여 의학대학에 다니는 학생들도 공감능력이 뛰어난 의사가 될 수 있게 인간적인 가치들을 전파하고 있다.

물론 현실적으로 어려운 부분이 있다. 일본의 경우 사회과학에 대한 대학 예산을 줄이는 정책을 시행 중이다. 미국에서는 예술과 인문학 관련 학과를 전공하는 학생들이 진로에 제약을 받고 있다는 연구 결과까지 나왔다. 미국 등 선진국에서도 실용 학문에 집중하는 반면, 인문학은 축소되고 있다. 영어, 프랑스어, 독어 등이 주요 대학에서 사라지고 있다. 철학과목이 축소되기도 한다. 미국의 평가기관에 따르면, 대학생의 8%만이 인문학을 전공하고 있으며 UCLA의 경우에도 인문학 전공자가 9%에 불과하다.

상호연관성이 강화되고 있는 사회에 살고 있는 지금, 글로벌한 차원에서 인문학 교육의 중요성을 재조명해야 한다. 인류가 직면한 에너지, 식량 안보, 테러리즘 관련 범죄의 증가 등의 문제에 대처하기 위해서는 과학자가 많이 늘어나야 한다는 리처드 스몰리 박사(1996년 노벨 화학상 수상자)의 의견도 있다. 물론 그 의견을 존경하며 과학자가 늘어나야 하지만 이 같은 사회문제들은 근본적으로 심리학, 윤리, 가치관의 문제라고 생각한다.

미국 서부지역에는 물 소비 관련한 문제가 대두되고 있다. 이는 물 소비의 행태나 (사람들의) 심리에 대한 문제이기 때문에 기술적인 문제로만 접근하면 안 된다. 인문학이 이러한 문제를 해결하기 위해 도움이 될 수 있다.

다양한 교육을 활성화하기 위해서는 인문학과 학생들에게 필요한 직무능력을 어떻게 연결할지를 살펴봐야 한다. UCLA는 이 문제에 대해 다양한 방식으로 접근 중이다. 인문학 전공과 자연과학 전공을 통합하는 프로그램도 있고 메디컬 휴머니티와 같은 프로그램도 있다. 의사들이 프리 메디컬 코스를 수료하는 과정에서 인본주의적 인문학과정도 수료할 수 있도록 했다.

5년제 학·석사 통합과정도 도입했다. 학부과정 대부분이 4년제인데 3년이면 다 수료할 수도 있다. 그래서 학사학위와 석사학위를 5년제로 통합해 운영하는 제도를 도입한 것이다. 결과적으로 노동시장에서의 기회도 넓히면서 전인적인 교육을 받을 수 있다. 예를 들어, 학부과정에서 음악을 전공하고 석사과정으로 올라가면 기술이

나 생명과학 등을 전공할 수 있다. 학·석사 통합과정을 통해 인문학과 전문교육을 병행할 수 있게 된다.

전 세계적으로 학부모들은 자녀가 경쟁이 치열한 노동시장에서 살아남을 수 있을지를 우려하고 있다. 그런 우려 때문에 기술적인 학부 과정에 지나치게 치중할 수밖에 없다. 이런 상황에서 학·석사를 통합하면 좀 더 창의력 있고 경쟁력 있는 인재를 양성할 수 있게 된다.

> **진 블록** ／ 미국 스탠퍼드대에서 심리학 학사학위를 오레곤대에서 심리학 석·박사 학위를 받았다. 버지니아대 부총장 및 학장을 역임했고 현재 UCLA 총장으로 있다.

● 강연 ●

## 대학 교육에 있어 정부와 사회의 역할

**민경찬(연세대 명예교수)**

우리는 지금 굉장히 혼란스러운 시대에 살고 있다. 4차 산업혁명에 대한 이야기가 활발한데 이미 5차 산업혁명 이야기도 나오고 있다. 이럴 때일수록 가장 중요한 것이 철학이라 생각한다.

대학은 싱크탱크와 교육기관의 역할을 동시에 해내야 한다. 시대적 흐름과 상상력의 관계를 어떻게 읽어야 하는지가 중요해졌다.

사전에서는 '상상력'을 '인지하지 못했던 것을 정신적인 이미지로 그려보는 힘'이라고 정의했다. 이제는 상상력이 지식보다 훨씬 더 중요하다. 아인슈타인은 "로직(논리)은 하나의 지정된 길을 이야기하지만 상상력은 당신들을 모든 곳으로 이끌고 간다"라고 말했다. 과학의 발전은 결국 상상력에서 출발한다는 의미다. 상상력과 창의력이 세상을 바꾸기 때문에 상상력을 중시해야 한다고 생각한다.

최근 화제로 떠오른 4차 산업혁명과 관련해서 이제는 생각하는 방법, 일하는 방법을 바꿔야 할 때가 된 것 같다. 산업이 어떻게 바뀔지 새롭게 정의해야 할 시기인 것이다. 획기적인 변화를 말하는 '그라운드 브레이킹(Ground Breaking)' 이라는 표현까지 쓴다. 무엇보다 '하이퍼 커넥티드 월드(Hyper Connected World)' 에 살고 있다는 점이 중요하다. 전 세계인이 매우 빠른 네트워킹 속에서 살아가고 있다는 말이다.

새로운 변화 속에서 대학은 어떤 역할을 해야 할까? 교육, 연구 외에도 '소셜 임팩트(Social Impact)' 가 굉장히 중요하다. 지금까지 대학들이 교육과 연구라는 개별성과에 초점을 맞췄다면 앞으로는 소셜 임팩트에도 초점을 맞춰야 한다. 거창하게 말하면 '국가의 운명이 대학에 의해 결정된다' 라고도 할 수 있다.

대학은 10대 소년을 어른으로 바꾸는 과정이다. 이 과정에서 학생들은 글로벌 시민의 역할과 책임감을 찾아야 한다. 스스로를 이해하고 세계를 다시 바라보는 성숙한 인간으로 발전하는 과정인 것이다. 따라서 인재상 중심의 교육체계가 중요하다. '잘 가르치는 대학' 이라는 모델을 두고 발전을 추진하는 가운데, 기본적으로 그리는 인재상이 대학마다 반드시 있어야 한다고 생각한다. 방향을 잡는 것이 중요하며 그런 인재가 되기 위해 어떤 방법을 선택할지 내놓을 수 있어야 한다. 그리고 그런 인재를 뽑는 제도가 입학사정관이라고 생각한다.

미래의 주인공이 될 학생들에게 가장 중요한 것은 '어댑터빌리티 (Adaptability)', 즉 새로운 환경에 대한 적응력이다. 그리고 '스피릿 (Spirit)', '애티튜드(Attitude)'와 같은 마음의 자세뿐만 아니라 개방성과 호기심 등도 점점 중요해지고 있다.

인간 중심의 인문학적 사고를 중요하게 인식하면서 교육과 연구가 하나가 되는 체계로 바뀌어야 한다. 이를 위해서는 다양성과 맞춤형 접근이 필요하다. 학생마다 특성이 있고 다를 수 있음을 인정하는 것이다. 교수에 대해서도 마찬가지다. 논문 편수 외에도 교수 개개인의 목표가 달라야 한다. 그다음은 융합과 협력이다. 앞으로 '휴먼 크라우드'라는 이름으로 전 세계인이 모여서 최고의 성과를 만들어내는 시대다. 앞으로 혼자 살아갈 수 없는 시대다. 경쟁을 해도 협력적인 경쟁이 요구될 것이다.

인식의 변화도 필요하다. 다보스포럼으로도 알려진 세계경제포럼 (World Economic Forum) 등에서 미래사회에 요구되는 중요한 기술을 소개하고 무엇이 필요할지 제안하고 있다. 이런 시대적 변화에 중요한 것은 토론문화다. 창의성은 토론에서 나온다고 생각한다. 〈이코노미스트〉는 위계질서가 강한 아시아에서는 과학이 발전하지 못할 것이라고 분석했다. 연구실에서 학생이 과연 지도교수의 생각과 완전히 다른 이야기를 할 수 있을지 의문이 든다. 기업도 마찬가지다. 그래서 새로운 관점에서 토론문화를 만들어나가는 게 중요하다.

또한 대학은 학생에게 공동체 일원으로서의 역할을 훈련시켜야 한다. 미국은 과학을 전공하는 학생에게도 역할과 협동성을 가르쳐 사회공동체에서 역량을 폭넓게 발휘하도록 하고 있다.

지금까지 대학 교육의 방향이 어디로 가야 할지를 이야기했다. 이런 방향으로 나아가기 위해서는 정부의 역할이 굉장히 중요하다. 대학의 평가 관련해서는 혁명이 일어나야 한다. 기업의 성과처럼 대학을 대상으로 투자 대비 효율의 관점으로 보면 우리 모두에게 큰 손해다. 그래서 긴 안목으로 대학이 자율적으로 발전할 수 있게 평가 항목을 만드는 것이 중요하다.

앞으로 우리는 엄청나게 변하는 세상 속에 살 것이며 변화의 양상을 예측할 수도 없다. 이러한 상황에서 미래에 대한 방향과 꿈을 갖고 있는지 되돌아봐야 한다. 세계적인 대학의 모습에 대해 생각할 때, QS 세계 대학 순위(영국의 대학 평가기관 QS가 타임즈 고등교육과 함께 매년 발표하는 전 세계 대학 순위)는 이제 맞지 않는다고 생각한다. 예를 들어, 전염병이 발생하면 사회가 어떻게 변화해야 하는지에 대해 다양한 생각의 장을 마련하는 것이 대학의 역할이다.

**민경찬** / 연세대학교 수학과 명예교수로 제18대 대한수학회 회장, 국가과학기술자문회의 위원, 인사혁신추진위원회 민간위원장 등을 역임했다.

# 변화에 맞추는 교육제도

**민상기 (건국대 총장)**

지난 2년 동안 세계적인 화두가 된 4차 산업혁명에 대해 여러 연구소의 보고서와 논문 등에서는 '미래를 지배하는 새로운 파도가 도래하고 있다', '사물인터넷과 인공지능(AI), 나노기술 등이 기계·전자·인터넷 등과 융합이 되어 앞으로 사회 변화를 이끌어갈 것'이라고 전망했다.

앨 고어 전 미국 부통령의 수석대변인인 다니엘 핑크는 베스트셀러 《새로운 미래가 온다(A Whole New Mind)》를 통해 앞으로 감성과 터치가 요구된다고 했다. 감성이 사회, 더 나아가 세계적인 경제구조까지 변화시킬 것이다.

반면 우리나라에서는 학부제를 도입한 대학들이 최근 다시 학과제로 돌아가는 사례가 늘어 유감이다. 사회적인 변화 요구가 있어 학부제를 시도했는데, 학과 중심의 커리큘럼이 전혀 변하지 않았고 학생들을 변화시키지 못했다는 결과이기 때문이다.

건국대는 꾸준하게 노력해서 성공적인 모델을 만들려고 한다. 학과 중심제는 학과 정원이 고정되어 있는 바람에 사회 수요에 맞춰 탄력적으로 운영하기 힘들다. 그러나 교수들의 학과 이기주의가 팽배하다 보니 유연한 교육과정을 도입하기 어렵고 창의력과 융·복합 기술 개발 등이 결국 이뤄지지 않는다. 이를 극복하기 위해 건국대는 산업 수요 연계형 프로그램을 만들었다. 학과제, 학과 정원제 등 획

일적인 틀을 벗어나 전공영역과 개별 학생의 인성·특성에 맞는 개별적인 모델을 만드는 것이다. 국가와 산업적 요구에 맞춰 예측해 만든 맞춤형 교육제도다. 이런 제도가 4차 산업혁명에 맞는 변화를 이끌 것이라고 기대하고 있다. 또한 플러스 학기제를 도입하는 등 교육과정에 변화도 추진하고 있다. 예를 들어 바이오 테크놀러지, 엔지니어링, 정보기술(IT), 예술, 사회과학 등을 재조합한 학과가 생기거나 '트랙 ABC'가 만들어져 학생의 개별 특성과 사회 수요에 맞춰 배치된다.

학생들이 모두 개별적 시스템으로 가다 보니 교육과정이 사회 수요에 맞는지, 개인의 개성에 맞는지, 역량 만드는 방법 등을 가늠해 보기 위해 'KU융합과학기술원'을 운영하기로 했다.

학기제 변화는 '4+1 통합 과정'이 대표적이다. 프랑스의 학·석사 통합과정인 그랑제콜(grandesecole)을 건국대에 맞는 교육 모델로 수정해 도입했다. 산업이 급격하게 변화하는 상황에서 무조건 4학년으로 졸업하는 것을 벗어나자는 취지다.

**민상기** / 건국대 동물생명과학대학 바이오산업공학 교수로, 교수협의회장·대학평의회의장·대학원장·교학부총장·프라임사업단장 등을 역임했다. 2016년 건국대 총장으로 취임했다.

▶ **마동훈:** 대학에서 20년째 교수를 하면서 상상력을 계발하는 교육이 가능할까 고민을 했다. 참 어렵다는 것이 솔직한 소감이다. 이와 관련해 얼마 전 미국 스탠포드 대학교의 존 헤네시 총장도 어려움을 표현했다. "스탠포드 출신들이 세계에서 수많은 부를 끌어 나갔다. 그러나 그중 대부분이 중퇴자다"라고도 말했다. 오늘날 대학의 현실이며 한국뿐만 아니라 전 세계의 대학이 갖고 있는 똑같은 고민이라고 생각된다.

그런데 오늘 발표해주신 분들의 생각은 좀 다르다고 본다. '기초 교양'을 뜻하는 리버럴 아츠(liberal arts) 인문학의 관점으로 보면, 교육은 모든 공부의 기초가 되는 위치라고 생각한다. 대학 교육의 어떤 지점에 휴머니티스의 문제를 넣어야 할지를 토론하고 싶다. 고려대에서는 철학, 문학, 역사로 나눠진 전통적 학제가 아니라 주제 중심으로 구성했다. '사람들이 앞으로 필요한 것이 무엇인가?'라는 것을 고민한다면 사람이 사는 공동체에 먼저 관심을 가져야 문제 제기가 가능하다.

진 블록 총장에게 인문학 교육을 어디에 위치시켜야 하는지, 예를 들어 1학년 때 교양을 듣고 2학년 때부터 전공수업을 받게 하는 것이 좋은지, 아니라면 어떻게 하는 것이 좋은지에 대해 묻고 싶다.

두 번째 강연의 민경찬 교수가 말씀해주신 상상력을 기르는 대학교육의 문제 관련해서는 대학이 공통으로 고민하는 부분이 있다. 상상력을 위한 교육에서 현재 무엇이 가장 부족한지 물어보면 교수들은 시설이나 재원이 가장 부족하다고 말한다. 많은 교수가 창의적인 교육을 받지 않았기 때문에 모를 수 있다. 그렇지만 교수도 교학상장(敎學相長)이라고 가르치면서 같이 배워나가야 한다. 그래서 교수가 일방적인 교육이 아니라 학생과 함께 학습할 수 있는 길이 무엇인지 묻고 싶다.

마지막으로 민상기 총장에게 교육에 대한 수요나 트렌드가 너무 빨리 변하는데 어떻게 따라갈지를 묻고 싶다. 현재 수요에 가장 잘 맞는 맞춤형 교육을 제공하는 것도 중요하지만 최신 테크놀로지를 교육하는 것보다 학생들이 스스로 문제를 해결하는 근력을 키워주는 교육이 궁극적으로 바람직하다고 본다. 매일매일 따라가기도 힘든 것이 요즘 사회 변화인데, 어떻게 대학이 진정성 있게 교육을 해야 하는 것인지, 통찰력을 줄 수 있는 교육을 어떻게 해야 하는 것인지 궁금하다.

▶ 진 블록: 좋은 질문, 감사드린다. 인문학 교육을 가장 최적화된 방식으로 교육과정에 통합시키는 것은 어려운 과제다. 인문학과 전공분야는 서로 다른 역할을 한다고 생각한다. 다만 교육을 할 때, 다른 학문 분야와 인문학을 통합해서 하면 효과가 굉장히 크다. 예를 들어, 의학과 인문학을 함께 교육한다면 학생들이 인문학적인 전통에 노출이 되면서 자신의 전공분야도 공부할 수 있다. 수평적으로 다양한 분야의 가치교육이 이뤄지면서 비슷한 전공을 갖고 있는 사람들끼리 협력하고 교류하면서 영향력을 확산시킬 수 있다.

▶ 민경찬: 상상력은 어려울 수밖에 없다. 우리나라 교육 현실의 경우 어렸을 때부터 상상력을 키울 수 있는 여건이 있었는지를 보면 그렇지 않은 것 같다. 이것이 근본적인 문제다.

문제는 교수들이 '무엇을 생각하고 있느냐'이다. 젊은 교수들의 생각을 들어보면 심각한 상태다. 심지어는 '교육에 관심 없다'고 하는 교수도 있다.

앞으로 대학이 무엇을 생각하고 있느냐가 중요하다. 대학 순위와 정부의 재정 지원을 받는 문제에만 관심이 쏠려있다. 단기적인 연구 실적에 몰입을 하다 보니 교육에 소홀해진 결과다. 지금까지 사회는 단기적인 성과만 요구하고 대학은 그에 부응했다. 대학뿐만 아니라 우리 모두의 책임이다. 방향이 제대로 설정되지 않으면 안된다.

교육에 있어 각 대학이 인재상을 어떻게 그리고, 사회에 어떤 기여를 할 것인지가 중요하다. 이런 노력들이 사회에서 평가받고 인정받아야 한다. 단기적 연구만 요구하면서 '교육은 왜 이러느냐'라고 질문하는 것은 부당하다. 사회, 학생, 교수 ,정부가 대학에 무엇을 요구할지에 대한 고찰이 필요하다.

▶ 민상기: 대학에서 변화가 필요한 부분은 교수라고 생각한다. 대학이 나아가야 할 길에 대해 건국대 외에도 많은 학생과 토론하며 고민했다. 여러 사람들과 토론하며 의견 수렴을 했더니 교수들을 변화시켜야 한다는 답변이 80% 이상이었다. 교수들은 여전히 자신들 중심으로 개혁을 말하고 있다. 정부의 재정 지원과 상관없이 대학의 변화 방향에 대해 고민해봤을 때 대학의 정원 이동도 자유롭게 하고 학생들이 자신의 개성에 맞는 교과과정을 자유롭게 선택할 수 있도록 개혁해야 한다.

우리의 약점은 토론식 수업이다. 지금까지 토론식 수업이라고 해도, 세미나를 할 때 학생들에게 주제를 주고 발표하게 한 다음에 끝나는 식이었다. 독일에서는 토론식 수업과 토론식 시험이 학생들에게 무한한 상상력을 키워준다. 우리나라 대학에도 도입해야 한다. 혁신적인 모델이 얼마나 지속될 수 있을지는 의문이 들 수 있지만 이렇게라도 변해야 학생들에게 대학다운 교육을 제공할 수 있으며 사회 수요에 맞는 교육을 할 수 있다.

▶ 백동현: 학생 스스로가 창의적이고 융합능력을 갖춰 문제를 푸는 인재가 되는 방향의 교육이 필요하다. 서로 다른 경험과 생각을 가진 학생들이 주어진 문제를 논의하고 해결할 수 있도록 하는 것이 대학의 역할이다.

아인슈타인, 에디슨, 마크 저커버그, 워런 버핏 모두 유대인이라는 공통점이 있다. 유대인은 전 세계 인구의 0.2%에 불과하지만 노벨상의 22%를 가져갔다. 그 배경에는 '하브루타'라는 교육방식이 있다. 학생 2~3명이 토론하고 논쟁하면서 주제에 대해 학습하는 방식이다. 창의 융합형 인재를 육성하기 위해서는 이런 교육방식이 필요하다. 한양대 역시 이런 문제의식을 갖고 온·오프라인이 결합한 '블렌디드 러닝(Blended Learning, 두 가지 이상의 다양한 학습환경을 혼합해 학습효과를 극대화하는 방법)', '문제 기반 교육(Problem Based Learning)' 등을 도입했지만 아직 한계가 있다.

사람의 융합도 중요하다. 서로 다른 배경과 전공을 가진 사람들이 토론하고 문제를 해결하는 것이 중요하다는 말이다. 융합교과과목 중에 인문학 전공자와 디자인 전공자 각각 1명과 공학 전공자 2명이 한 팀을 구성해 주어진 문제를 푸는 과목이 있다. 인문학의 상상력과 공학의 문제 해결능력, 디자인 능력을 결합시킨 것이다. 변리사를 수업에 참가시켜 특허 출원을 122개나 내는 성과를 냈다. 다양한 배경을 가진 학생들이 서로를 존중하며 큰 성과를 만들어낸 사례다.

▶ 청중: 창의성은 토론으로부터 나온다고 했다. 다양한 교육방식을 시행하고 있지만 정착에 어려움이 있다. 창의성교육이 정착하기 위해서는 어떤 방법이 있을까?

▶ 민경찬: 토론을 풀어가는 방법에 대해 고민하다가 수업 중에 학생들에게 3가지 과제를 내준다. 첫 번째, 강의의 핵심 내용을 쓰라고 한다. 두 번째, 이해 못한 부분을 써내라고 한다. 마지막 세 번째, 아무 질문이나 2개씩 쓰라고 한다. 질문을 만드는 작업이 중요하다고 생각하기 때문이다. 문제들을 어떻게 해결할지 단계들을 만드는 것이다.
이스라엘은 토론 문화가 있어 세계적으로 앞서 나아갈 수 있었다. 우리와 달리 위계질서가 없어서 장군과 사병 간에 논쟁을 벌일 수 있는 나라다. 우리나라에서는 상상할 수 없는 일이다.

▶ 청중: 현행 입시제도가 학생들의 능력을 발휘하는 데 걸림돌이 되고 있다. 입시에 대한 개혁은 무엇이 있을까?

▶ 민경찬: 대학들이 초중고 교육을 정상화하는 데 책임을 져야 한다. 대학 입시가 초중고 교육을 좌지우지하기 때문이다.
여러 가지 시행착오를 겪고 있지만 궁극적으로 입시 문제를 풀 수 있는 방법은 입학사정관제이다. 모험적인 시도를 할 때는 신뢰가 필요하다. 입학사정관제로 학생을 선발했을 때, 대학들이 불신을 받는 등 사회적 인식이 부정적이다. 우리 사회는 99%가 잘되고 1%가 잘못되었을 경우에 그 1%에만 집중한다. 사회가 기다려주고 신뢰를 줄 때 대학이 올바른 쪽으로 갈 수 있다. 아울러 초중고 교육 관련 당국과 대학이 서로 대화하고 함께 고민해야 한다.

▶ 청중: 학생들의 상상력과 문제 해결능력에 있어 동아리 활동이 또 다른 학습의 장이 될 수 있다고 본다. 동아리 활동에 대해 지원할 계획은 없는가?

▶ 마동훈: 교수뿐만 아니라 친구들, 선후배들을 통해 배우는 것도 크다. 그 부분을 존중한다. 고려대는 기존의 동아리 활동을 넘어선 '개척자 마을(pioneer's village)'을 만들었다. 생각하고 토론하고 공부하는 학습공동체 공간을 컨테이너 하우스로 마련했다. 학생들의 호응도 좋다. 다른 형태의 시도도 물론 필요하다. 학생들이 중심인 교육의 기회를 마련해야 한다. 학교가 같이 노력하고 방법을 찾는 부분이라고 생각한다.

# 08

## 공직사회의 혁신,
## 어떻게 할 수 있나?

**나탈리 루아조(ENA 총장)**

한국뿐만 아니라 전 세계적으로 공직사회의 개혁에 대해 많은 요구가 나오고 있다. 선진국은 공무원 선발을 어떻게 하고 있는지 그들의 역량을 키우는 방법과 평가하는 방법 등을 알아보고자 한다. 마지막으로 공무원이 어떻게 해야 신뢰를 확보할 수 있는지에 대해서도 같이 고민하려고 한다.

▶ **현승윤(한국경제신문 부국장):** 프랑스는 어떻게 공무원을 뽑는지 궁금하다. 그리고 바꾼다면 어떤 식으로 바꿀 예정인가?

▶ **나탈리 루아조**: 행정과 관련해서 늘 이런 질문을 하고 스스로도 고민하는 부분이다. 프랑스에서도 학생 사이에서 공무원이 인기가 매우 좋다. 중앙 정부와 지방 정부를 합해 공직에 있는 사람들이 프랑스 전체 인력의 20%나 된다.

채용은 경쟁시험 형태로 운영하고 있다. 헌법의 기본 취지에 근거하고, 성과주의 원칙을 기반으로 하고 있다. 그래서 공무원을 채용할 때는 유일하게 자격, 자질만 본다. 이 점은 헌법에 나와 있다. 여러 종류의 채용시험이 있다. 그중에서도 가장 어렵고 명예로운 것이 ENA 입학시험이다.

채용제도를 더 개선할 계획이 있느냐고 물었는데 답은 '맞다' 이다. 시험제도와 관련해서는 2년 전에 개혁이 이뤄졌다. 이런 개혁을 통해 ENA가 설립 당시부터 추진한 두 가지 목적을 강화하게 되었다. 엑설런스(excellence, 탁월함), 우수성에 대한 정의를 재고하게 되었으며 후보자들의 재능, 출신 배경에 대한 다양성을 더욱 강조하게 됐다.

▶ **현승윤**: 한국도 오랫동안 경쟁시험을 지향해왔다. 그러면서 동시에 다양성도 추구한다.

▶ **김동극(혁신처장)**: 우리도 기본 원칙은 실적과 자격에 기반하고 있다. 법으로도 명시가 되어 있다. 그런데 우리나라 같은 경우에 프랑스보다 필기시험 위주의 채용방식 경향이 더 심한 것 같다. 이 방

"앞으로 인재의 다양성에 주목해야 한다."

식이 50년 정도 되었다고 했지만 실제로 과거제도 전통이 있었기 때문에 필기시험을 더욱 중요하게 생각하는 것 같다.

우리나라는 공무원 계급이 9개다. 다 알다시피 1급이 높고 9급이 낮다. 채용시험을 통해 9급, 7급, 5급 등을 뽑는다. 외국에서는 흔하지 않은 방식이다. 인사혁신처가 공무원을 한 번에 뽑아서 나누고 있다. 사실 5급 공채가 정부의 핵심 인력을 뽑는 시험이다. 이 시험에 합격하면 국가공무원인재원에서 1년간 교육하고 각 부처에 배치한다. 이는 ENA와 비슷한 기능을 한다고 본다.

우리나라도 이런 필기시험 위주의 채용방식에 대해 문제가 제기되어서 고치는 중이다. 제기되는 문제가 크게 두 가지다. 하나는 학교 교육과 관계없이 필기시험을 칠 수 있어서 대학생들이 대거 휴학하고 시험을 보는 바람에 학교 교육을 파행으로 몰고 간다는 문제다. 또 하나는 가장 근본적인 문제인데 과연 필기시험을 잘 친다고 공무원에 적합하냐에 관한 것이다.

그래서 최근 10년간 새로운 제도가 시행되었다. 7급 공무원 관련해서 각 대학교 추천으로 채용하거나 전 계급에 걸쳐 민간에서 경력을 쌓은 사람을 채용하는 방향을 활성화하고 있다. 현재 필기시험 인재와 외부 인재가 6대 4 정도 된다. 앞으로 필기시험의 부담을 줄이면서 여러 가지 실적과 자격, 능력을 검증할 방법 위주로 나아갈 계획이다.

▶ 현승윤: 모두 변화가 핵심적인 과제인 것 같다. 2년 전에 개혁을 진행하면서 얻은 엑설런스, 우수성에 대해 궁금하다. 엑설런스가 아이큐(IQ)인가, 이큐(EQ)인가? 아니면 창의성인가? 그리고 공무원이 갖춰야 할 우수성은 무엇인가?

▶ 나탈리 루아조: 굉장히 큰 질문이다. (웃음) 제도 개혁에 대해 고민하고 있는데 바로 필기시험을 통해 후보자의 지식수준을 검증하는 것과 구두시험이다. 구두시험은 몇 단계로 나눈다. 배심원단이라고도 표현하는데 판정단과의 인터뷰를 후보자가 진행한다. 민간 기업에서 채용할 때도 경영진이 보듯 비슷한 형태의 인터뷰를 하게 된다. 단체, 집단 구두시험도 있다. 후보자가 자신의 사회적

기술을 어떻게 활용하고 다른 사람들과 상호작용하는지에 대해 평가한다. 개인 스스로 잘하는 것도 중요하지만 단체 속 일원으로 잘할 수 있느냐 등을 본다.

굉장히 빠르게 변하는 세상이라 우리도 빠르게 적응할 수 있어야 한다. 그래서 점점 소프트 스킬(Soft Skill, 기업 조직 내에서 커뮤니케이션, 협상, 리더십 등을 강화하는 능력)의 중요성을 강조하고 있다. 공적 가치들에 대한 후보자의 이해 정도에 대해서도 심층 평가를 하고 있다. 이제 이런 후보자를 평가할 때 단순히 학력 등의 지식 수준 평가에 그치지 않고 어떤 배경을 갖고 있는지, 잠재력은 어떤지, 어떤 동기를 갖고 있는지를 파악하려고 한다. 이런 여러 차원으로 우수성을 생각하면서 교육과정을 설계하여 운영하고 있다.

▶ 현승윤: ENA에는 몇 명이 지원하고 몇 명이 뽑히는가?

▶ 나탈리 루아조: 보통 연간 90명의 프랑스 학생을 뽑는데 공직자가 되는 성공률은 5% 정도다. 경쟁률이 20대 1 정도이다.

▶ 현승윤: 다른 곳도 비슷한가?

▶ 나탈리 루아조: ENA에서도 공직자 경쟁률이 높다. 고위 공직자를 뽑을 때 경쟁률이 높다. 그래서 보통 ENA에 응시하려면 석사학위가 있거나 5년 정도 고등교육기관에서 배운다.

▶ 김동극: 우리도 어떤 사람이 공직을 잘 수행할지에 대해 고민이 많다. 우수성에 대한 정의는 총장의 말씀과 별반 다르지 않다. 공직 가치를 기반으로 해서 지적 능력, 상황 판단, 국민에 헌신적으로 봉사할 능력을 가진 사람을 뽑는 것은 ENA와 다를 바 없다. 채용 형식도 거의 대동소이하다.

먼저 필기시험을 치른 다음, 두 단계로 나뉜다. 5급 채용 기준으로 말하겠다. 1차 시험은 지적능력보다 상황 판단, 문제 해결능력을 보는 PSAT(Public Service Aptitude Test, 공직 적격성평가)를 친다. 뽑을 인원의 10배수를 통과시킨다. 통과한 합격자 대상으로 2차 필기로 전공과목을 친다. 법학, 행정학, 기술계라면 관련 과목을 7~8과목 정도 치르면서 뽑을 인원의 130%까지 선발한다. 이후 면접에서 최종 30%를 거른다. 인터뷰는 이틀에 걸쳐 한다.

▶ 현승윤: 어떻게 하면 공무원들의 능력을 키울 수 있는지에 대해 관심이 많다. 뽑을 때는 한국이나 프랑스나 굉장히 우수한 인재를 뽑는다. 그런데 뽑고 나면 안정적 직장, 편안함, 상대적으로 덜한 경쟁 등의 영향으로 과연 열심히 일하고 국민이 바라는 일을 할 것인지에 대해 많은 사람이 의구심을 품는다. 그래서 공무원이 능력을 키우도록 어떻게 가르치고 성과보수를 지급하고 있는지 궁금하다.

▶ 나탈리 루아조: 말씀하신 부분을 위해 가장 중요한 도구가 직업교육

일 것이다. 공무원도 일을 하는 중간에 다시 학교로 돌아가서 의무교육을 이수해야 한다. 그래서 경영, 의사결정 등에 대한 교육을 받아야 한다. 또한 직무가 높아질수록 위기관리능력, 리더십, 커뮤니케이션 등을 배워야 한다.

몇 년 전에 잠재력이 큰 공무원을 미리 선정하는 제도가 있었다. 매년 50명 정도 선발한다. 이들에게는 개인 계발, 코칭, 훈련 등이 좀 더 특별하게 지원된다. 그리고 1년 뒤, 역량 평가가 진행된다. 그렇게 만들어진 인재 풀이 장래 고위 공직자가 된다. 그런 기회가 주어진다는 것을 알기 때문에 동기부여에 훌륭한 도구가 된다. 360도 평가제도도 운영하고 있다. 직원, 동료, 상관 등을 통해 다면평가가 이뤄진다. 재정적 인센티브도 제공된다. 그래서 급여의 일부는 본인의 성과와 연결된다.

공직에 있어서 급여와 성과의 관계가 아주 끈끈하다고 보기는 어려운 측면이 있다. 그리고 성과도 개인의 성과라기보다는 집단의 성과인 경우가 많기도 하다.


▶ 현승윤: 우수 공무원이 되면 20년 동안 몇 년 간 교육을 받는가? 20년 동안 근무했다면 5년 정도 공부할 기회가 있는 건지 궁금하다. 그리고 성과 평가로 차등을 두면 잘한 공무원과 못한 공무원은 얼마나 차이가 나는가?


▶ 나탈리 루아조: 학교에 가서 수업을 들을 때도 풀타임은 아니다. 자신

의 직무도 하면서 듣는 것이다. 어떤 부처에 국장이나 제너럴 디렉터로 승진을 원하면 교육을 한 달에 이틀 정도, 그렇게 1년 받는 식이다. 문제는 직급이 높아지면 교육받을 시간이 없어진다는 것이다. 그래도 보수교육, 재교육은 필요하다는 것에는 변함이 없다.

최저 성과를 보이는 사람과 최고 성과를 보이는 사람의 차이는 크지 않다. 노조가 성과연봉제에 반대하고 있기 때문이다. 그래서 정말 최고위급 공직에 가야지 월급의 두 달 치 정도를 더 받는 성과제가 있다고 보면 된다.

▶ 현승윤: 한국 문제에 대해 고민을 많이 하신 것으로 아는데 이에 대한 생각을 듣고 싶다.

▶ 김동극: 교육과 관련해서는 다 비슷하다고 본다. 직책 단계가 올라가려면 사전교육을 받아야 하며 새로운 직책을 받으면 해당 교육을 받아야 한다.

성과급 부분은 우리가 프랑스보다 더 강한 것 같다. 우리나라는 중앙부처 국장급에 성과연봉제를 1999년부터 하기 시작했다. 그리고 2005년에 과장급까지 확대했다. 2017년부터는 5급까지 확대할 계획인데 프랑스처럼 노조에서 강하게 반대하고 있다. 반대 이유는 프랑스와 동일한데 정부의 성과는 집단 성과이지 개인 성과가 아니라는 이유다. 성과를 평가하는 기준이 제대로 마련되지 않았다는 비판인 것 같다. 계속 노조를 설득하면서 동시에 평가

기준도 발전시키고 있다. 그런데 어느 조직이든 기준이 명확할 수 없는데 평가기준이 없다고 하면 노조는 무조건 하지 말자고 한다.

▶ 현승윤: 이에 대해 어떤 의견이 있는지 궁금하다.

▶ 나탈리 루아조: 먼저 성과급제를 시행하려면 신뢰할 만한 제도가 마련되어야 하는 것이 선결과제다. 그런데 여러 정부부처에서 제도를 제대로 활용하기까지는 꽤 오랜 시간이 걸릴 것 같다. 상관들이 직원들을 평가하게 만드는 것까지도 시간이 오래 걸렸다. 평가를 할 수 있는 능력을 갖추도록 교육하고 있다.

성과를 어떻게 정의하는가에 대해서도 민감한 이슈가 될 수 있다. 법과 질서에 관련한 측면이 있으며 만일 사회에서 불안함이 일어난다면 그 부분에 대해 책임을 물을 수 있는지에 대한 문제도 있다. 대외적 이유가 있는 것이다. 민간기업의 경우 세일즈 담당자는 단순히 수치로 평가할 수 있지만 공직자들에 대한 평가는 민감하다.

▶ 김동극: 성과평가제도 관련해서 외국의 사례를 많이 봤는데 우리나라가 엄청나게 계량적이라고 생각된다. 총장의 이야기에 전적으로 동의하는데 평가는 시스템의 문제라기보다 관리자의 역량이라고 본다. 자기 부하를 평가함에 있어 그 어떤 관리자도 못하지는 않는다. 우리나라에서 제일 중요하게 보는 것이 관리자들의 평가 역량이다. 그래서 관리자들은 객관적이고 공정하게 부하 평

가를 하는 데 역점을 두고 있다.

평가가 꽤 공정하게 이뤄진다는 한 나라의 고위 공무원 평가서를 본 적이 있었다. 그냥 백지였다. 부하가 1년 안에 반드시 수행해야 하는 핵심과제를 한두 개만 정한 다음, 했는지 여부만 확인하고 나머지는 알아서 하는 구조였다. 개인 평가가 아니라 팀 평가 시스템이었다. 결국 기관장이 팀을 평가할 것인지, 개인을 평가할 것인지 아니면 양자를 평가할 것인지 판단한다. 그래서 성과급이 양쪽으로 들어간다.

▶ **나탈리 루아조:** 사실 굉장히 어려운 문제다. 세상에 완벽한 시스템은 없다. 제도가 인위적으로 되는 것 같다. 프랑스에는 지급이 가능한 보너스 상한선이 있다. 예산 문제나 규제 때문이다. 이해는 되지만 높은 성과를 올린 직원이 있는데도 규제나 예산의 상한선이 있어서 충분하게 보상해주지 못한다면 해당 직원에 또 다른 동기부여는 어떻게 해줘야 하는지에 대한 문제가 발생한다.

▶ **현승윤:** 4차 산업혁명시대 이야기가 나오고 있다. 또한 민간에서는 창의력, 상상력, 혁신적인 능력 등이 많이 필요하다는 이야기가 있다. 공직사회에서도 이런 능력자가 필요한지? 필요하면 어느 부분인지 궁금하다.

▶ **나탈리 루아조:** 말씀하신 부분에 공감한다. 고객이 가질 만한 기대를

시민들도 갖는다고 생각한다. 사실 시민들은 높은 공공 서비스, 신뢰할 수 있는 서비스를 공무원들에게 기대하므로 공무원의 능력을 꾸준하게 발전시켜야 한다. 그런데 민간에서는 굉장히 자유롭게 여러 실험을 해보고 실패도 할 수 있는 자유가 있지만 공직에는 그것이 없다. 예를 들어, 벤처기업이 앱을 개발했는데 실패해도 본인이 책임을 지면 된다. 하지만 공직사회에서는 실패할 수 있는 권리가 없다고 생각한다. 그래서 민간에서의 경영보다 공직의 행정이 훨씬 더 예민하고 조심스럽다.

▶ 현승윤: 한 가지 질문을 두 분께 같이 드리고 싶다. 공무원의 신뢰도는 30년 전보다 높아졌는가? 낮아졌는가?

▶ 김동극: 낮아졌다. 국민들이 공무원에 대한 기대 수준은 훨씬 높아졌는데 공무원들이 따라가지 못하고 있다.

▶ 나탈리 루아조: 공공 서비스를 받으려면 비용 지불이 따르는데 그 비용을 지불할 의사가 점점 줄어들고 있지 않나 싶다. 여러 국가를 다니는데 프랑스 외에도 많은곳이 그런 것 같다.

▶ 현승윤: 국민의 기대치가 그냥 높아진 것이 아니라 민간사회가 그만큼 발전한 영향이 큰 것 같다. 국민은 이미 민간사회의 눈높이인데 공무원사회의 개선 속도가 못 따라간 영향이 크다. 한국이

나 프랑스나 민간사회의 변화에 따라가지 못한다는 것이 근본문
제가 아닌가?

▶ **나탈리 루아조:** 그 의견에 공감한다. 교육을 많이 받는 중산계층이
늘어났고 있으며 공직사회와 시민 간의 관계를 표현하기 위해서
는 좀 더 다른 단어들이 사용되는 것 같다. 어떤 면에서는 시민들
이 고객이다.

▶ **김동극:** 동감한다. 30년 전을 생각해보면 그때는 먹고사는 것이 문
제였다. 그래서 행정이 단순했다. 이제는 욕구가 다양해졌지만
공무원들이 따라가지 못하는 것 같다.

▶ **현승윤:** 우리나라와는 상황이 다르지만 프랑스에서는 이민문제가
대두되고 있는 것으로 알고 있다. 이런 다양성과 관련해서 공직
사회는 어떻게 변할 것으로 보이는가?

▶ **나탈리 루아조:** ENA 같은 학교제도와 관련이 있는데 이를 민주화라
고 부른다. 사회적 출신, 성별, 연령, 민족적 배경을 갖고 차별이
이뤄지면 안 된다. 자신들이 봉직하는 사회의 대표자가 될 수 있
어야 한다. 특히 고위 공직자는 그렇다. 만약 고위 공직자가 사회
와 괴리가 있다면 진정한 공직은 어렵다고 볼 수 있다.

▶ 현승윤: 과거의 공무원과 지금의 공무원이 달라진 점은 무엇인가?

▶ 나탈리 루아조: 2차 대전 전과 비교했을 때, 공직사회에 진출하려면 가족 중에 공무원이 있거나 정치적으로 관계가 있어야 했다. 어떤 계층에 속하는 사람들끼리 하는 직종이었다고 볼 수 있다. 그러한 측면에서 보면 지금은 진전이 있다고 할 수 있지만 당연하게 받아들여서는 안 된다.

전체 학교교육 시스템과도 관련된 문제인데, 교육과 학교제도를 통해 모든 종류의 재능을 발전시키고 확대해야 한다. 차별도 막아야 하지만 쉬운 문제는 아니다.

▶ 김동극: 인사제도를 연구하기 위해서 미국, 영국의 사례를 많이 찾는데 실제로는 프랑스, 독일 쪽과 더 유사한 느낌이 든다. 오늘 이야기를 나눠보니 유사한 부분이 더욱 많은 것 같다.

▶ 나탈리 루아조: 맞다. 이야기를 서로 듣고 하다 보니 양국 간에 유사점이 참 많다.

**나탈리 루아조** / 1986년부터 25년간 직업 외교관으로 있었다. 현재 프랑스의 정치 엘리트를 양성하는 명문학교인 프랑스 국립행정학교(ENA) 총장으로 있다.

## 09

# 질 좋은 일자리
# 창출을 위한 조건

---

**짐 클리프턴(갤럽 회장)**

---

갤럽(Gallup)은 미국 대통령 선거에서 프랭클린 루스벨트 대통령의 당선을 여론 조사로 예측해 발표하면서 여론 조사 전문 연구소로 명성을 얻기 시작했다. 최근에는 기업 컨설팅분야까지 영역을 넓히고 있다. 한국을 비롯해 전 세계 30곳에 지사를 둔 갤럽의 짐 클리프턴 회장은 전 세계적인 저성장시대를 뛰어 넘기 위해서는 질 좋은 일자리를 계속 만들어야 한다고 주장했다. 지금까지의 일자리 창출 전략이 왜 잘못되었는지를 지적하면서 새로운 전략을 제시했다.


전 세계는 일자리가 부족한 상황에 직면하고 있다. 가장 큰 원인은 대부분 국가에서 경제 성장, 즉 국내총생산(GDP) 증가세가 멈췄기 때문이다. 2008년 글로벌 금융위기 전까지는 미국, 유럽, 신흥국 등도 엄청난 성장을 했다. 하지만 금융위기를 기점으로 모든 것이 바뀌었다. 아직도 전 세계 경제가 반등하지 못했다고 생각한다.

저성장이 문제다. 미국의 국민소득 증가세가 예전만 못하다. 생산성 상승률도 제자리에 머물러 있다. 파이가 작아졌으니 일자리를 늘리기 어렵다. 이것보다 더 큰 문제는 없다. 그래서 갤럽이 2005년 160개 국가의 인구통계학 및 사회학적 집단을 대상으로 세계인의 생각을 데이터베이스화하는 '갤럽 세계 여론 조사'를 진행했다. 수년간의 조사·분석 자료를 통해 사람들이 무엇을 제일 중요하게 생각하는지 파악했다.

잠깐 과거로 돌아가 보자. 80년 전의 미국 사람들에게 "삶에서 가장 중요한 것이 무엇인가?"를 묻는다면 대부분 "자유"가 가장 중요하다고 답할 것이다. 1950년대 냉전시대에는 어떤 답이 나올까? '평화'였다. 1980~1990년대에는 가족이 중요하다고 했다. 3명의 자녀를 두고 정원을 잘 가꾸면서 큰 트럭을 모는 것이 목표였다. 직장은 그리 중요하지 않았다. 2만 달러 정도의 소득만 보장되면 괜찮았다. 대신 직장에서 문제가 생겨도 다른 직장으로 옮기는 데 큰 어려움이 없었다. 베이비 붐시대에 고성장을 달렸던 전 세계의 모습이다.

그렇다면 최근 조사에서는 어떤 대답이 돌아왔을까? 행복한 가정을 꾸리고 집이나 땅을 소유하는 것이 소망이던 시대는 끝났다는 것이 결론이다. 장기적인 저성장으로 인해 '괜찮은 일자리'는 사라지

"인재에게는 끊임없는 동기부여가 중요하다."

고 사람들의 머릿속에는 '생존'이 가장 큰 과제로 남았다. 세계 인구 70억 명 중 15세 이상 성인이 50억 명이지만 괜찮은 일자리는 12억 개에 불과하다. 여전히 질 좋은 일자리를 원하는 인구는 30억 명에 달해 18억 개의 일자리가 부족하다.

이렇게 생존이 어려우니 결혼하지 않는 젊은 사람도 많아졌다. 결혼제도가 붕괴될 것이라는 전망이 당연히 나오게 된다. 결혼을 해도 자녀 없이 사는 사람이 늘고 있으니 사회구조는 점점 바뀌고 있다. 주택 자가 보유율도 미국 역사상 최저 수준을 보이고 있다.

고용 창출을 위해 관련 예산과 공공 일자리를 늘리는 정부의 방향은 잘못됐다. 그런 방법은 지속 가능할 수가 없다. 새로운 성장산업을 키워야 일자리를 늘릴 수 있다. 이를 위해서는 자유로운 기업가정신이 필요하다. 갤럽의 조사를 보면 양질의 일자리 65%는 스타트업이 생겨나고 성장할 때 창출된다. 정부의 재정 투자나 조세정책에서 나오는 것이 아니라는 말이다.

일자리 지원금이 부족해지면 세금을 더 걷으려고 할 것이다. 세금을 더 거두면 정부의 지출 여력은 증가해도 국민이 쓸 돈은 줄어든다. 소비 지출이 줄면 업체들은 사업 확장과 고용을 줄일 수밖에 없다. 결국 일자리 축소로 이어지고 덩달아 GDP도 축소될 것이다.

일자리 창출로 인한 GDP 증가의 선순환은 직장 안에서 찾아야 한다. 회사 발전에 기여하는 인재는 전 직원의 15% 수준이다. 한국은 이보다 낮은 10% 정도이다. 나머지 직원들은 일도 싫고 상사도 싫어한다. 생산성이 증가하지 않는 이유이기도 하다.

회사는 이들에 대한 교육과 복지 지원을 아끼지 말고 동기를 부여해야 한다. 지금 다니고 있는 회사가 직원의 창의를 존중해주고 동기를 부여하고 있는지 생각해보자. 경영진에 속한다면 직원들에게 꿈을 제공하고 있는지 고민해야 한다. 15%의 핵심 인재를 30% 이상으로 늘려 새로운 일자리와 부가가치를 창출하는 것이 저성장시대 탈출의 중요한 열쇠다.

사람들이 직장에 원하는 것이 달라졌다. 과거에는 좋은 자동차를 주고 높은 연봉을 보장해주는 것이 중요했다. 직원은 경영자가 원하는 꿈을 실현시켜주는 역할을 했다. 하지만 지금 세대는 연봉 때문에 직장을 다닌다고 볼 수 없다. 이런 변화는 1980년 이후 출생한 소위 '밀레니엄세대'가 입사하면서 시작됐다. 과거 직장인들에게 중요했던 급여, 만족감, 상사, 인사 고과 대신 목적과 의미, 발전, 지속적인 대화, 자신의 삶을 중시하고 있다. 지금 직업이 내게 어떤 의미가 있는지, 고객과의 관계는 어떤지 등이 더 중요하다. 직장을 내 삶과 긴밀하게 연결시키는 것이다.

생산성 향상을 이루기 위해서는 직장이 약점보다 강점을 살피는 문화가 되어야 한다. 직원의 약점을 파악해 보완하도록 하는 것보다 '잘하는 것을 더욱 잘하도록 만들라' 는 것이다. 직원들의 몰입도를 높이기 위해 리더들은 정직해야 하며 참여와 몰입을 이끌어 내는 데 집중한다. 성공한 리더들의 공통점을 찾고 싶어 하지만 그런 공통점은 존재하지 않는다. 타고난 리더들을 뜯어보면 공통점보다 다른 점이 훨씬 더 많기 때문이다. 자신의 강점을 아는 것이 중요하다. 자신만의 장점을 알게 되면 놀라운 결과를 가져올 수 있다.

리더들이 바뀌어야 한다. 기업들은 대부분 '혁신' 이라는 이름을 앞세워 캠페인까지 한다. 하지만 정작 리더들은 바뀔 생각을 하지 않는다. 기업 문화의 70% 이상은 중간 리더들로부터 만들어진다. 직장인 개개인의 입장에서 보면 일터의 모든 경험은 상사와의 관계에서 비롯된다. 이처럼 상사의 영향을 많이 받는데 중간 리더들이 바뀌지 않으면 아무리 회사가 혁신을 해도 변화가 일어날 수 없다.

경영인들은 자신이 기업을 이끈다고 생각하는데 그렇지 않다. 기업을 이끄는 사람은 직원이다. 단순히 기업 인수합병(M&A), 재무제표, 가격 정책 같은 것에 대한 결정만 내려주면 된다. 모든 걸 바꿀 수 없다.

교육도 바뀌어야 한다. 우선 초등학교부터 고등학교 3학년까지의 교육 초점을 바꿔 자유로운 기업가정신을 키우도록 해야 한다. 혁신이 아무리 많이 일어나도 상품으로 만드는 기업가정신이 없다면 혁신도 무용지물이기 때문이다.

양질의 일자리 만들기가 행복 증진은 물론이고 GDP 성장의 가장 큰 요소이다.

**짐 클리프턴** / 1988년부터 갤럽을 다녔으면 현재는 갤럽 회장 겸 최고경영자로, 2004년부터는 서굿 마샬 장학금 펀드 회장까지 맡고 있다. 2011년에 《갤럽 보고서가 예고하는 일자리 전쟁(The Coming Jobs War)》을 발간했다.

# 글로벌 시대의 인재 혁명은 진행 중

CREATIVE

# 01

## 21세기 고용과
## 글로벌 인재 양성

레몽 토레(국제노동기구 조사국장) 외

전 세계적으로 시간근로제, 재택근무제, 계약근로제 등 다양한 형태의 고용이 기존의 고용방식을 대체해나가고 있다. 고용형태의 다양화를 통해 고용 유연성을 확보하여 기업의 효율적 인력 운영을 추구할 수 있다는 점에서 기업들은 21세기의 변화된 고용형태를 기업 경쟁력 강화의 기회로 삼고 있다.

하지만 일각에서는 기존 정규직의 위상이 흔들린다는 점을 들어 고용 안정성이 위협받는다고 비판한다. 글로벌 인력시장에서 고용형태의 다양화는 이미 피할 수 없는 흐름이다. 이와 관련하여 21세기의 기업들이 어떻게 변화에 적응해야 하는지, 새로운 고용 형태를 효과적으로 활용할 방안은 무엇인지 살펴보고자 한다.

▶ 이주호(KDI 국제정책대학원 교수): 저성장 기조가 이어지고 인공지능 등의 기술 발달로 기존의 많은 일자리가 사라지는 문제가 전 세계적인 이슈가 되고 있다. 이런 문제를 어떻게 해결하고 완화할 것인가에 대한 고민이 필요하다. 오늘 모신 연사들은 그러한 주제들에 대해 통찰력을 제시할 것이다.

● 강연 ●

## 오늘날의 고용환경과 도전과제

### 레몽 토레(국제노동기구 조사국장)

'21세기 고용과 글로벌 인재 양성' 이란 주제는 굉장히 중요한 이슈다. 고용을 중심으로 살펴보면서 오늘날 고용환경의 모습과 도전 과제에 대해 말하고자 한다.

우선 고용이 처한 과제다. 2008년 금융위기로 촉발된 세계적인 금융위기 이후 성장의 둔화세가 계속 되고 있다. 전 세계적으로 이런 둔화세는 가속화 중이다. 세계 경제는 금융위기 이전보다 성장 폭이 0.5%p 정도 떨어진 상황이다. 이러한 경제 위기는 고용에도 영향을 미칠 수밖에 없다. 거시경제가 둔화되면서 고용에도 악영향을 미치고 있다. 국제통화기금(IMF)도 지속적으로 세계 경제 성장률을 하향 조정하고 있다. 2012년에는 성장률 전망치를 4.5%로 잡았지만 2014년에는 4.0%, 가장 최근인 2016년에는 3.1%로 전망했다. 실망을 안겨주는 결과가 지속되고 있는 것이다. 어떻게 보면 세계 경제는 최근 자본주의 역사상 가장 낮은 성장률을 기록하고 있다고 볼 수 있다.

둔화되는 경제 성장률은 고용에도 악영향을 미치고 있다. ILO(국제노동기구) 통계를 보면 금융위기 때보다 3,000만 명 이상이 더 실업 상태이며 3,100만 명 이상이 노동시장에서 비활성 인구가 되어 있다. 아예 노동시장에 완전히 배제된 상황이다. 미국의 경우 남성층의 노동시장 비활성화 현상이 두드러지고 있다. 한국도 청년들이 취업을 못하고 실업률이 높은 편이다. 청년층의 노동시장 비활성 인구 비중도 높다. 우리가 보고 있는 큰 그림에서도 일자리 창출의 기회가 줄어들었다는 결론이 나온다.

또 다른 핵심적 이슈는 과도하게 강조되고 있는 느낌까지 드는 디지털 경제의 도래다. 새로운 경제가 폭넓게 디지털 기술을 도입하면서 일자리에 많은 변화가 일어나고 있다. 일부에서는 일자리가 없어지고 다른 곳에서는 새롭게 생겨나고 있다.

사실 '창조적 파괴'라는 현상이 새로운 것만은 아니다. 핵심 기술이 바뀌던 시기마다 이런 일들을 겪어왔다. 하지만 인공지능의 사용이 빠르고 폭넓게 일어나면서 근본적인 일자리 전망이 바뀌고 있다. 새로운 지식과 인재에 대한 수요가 높아지고 있는 것이다. 그야말로 신경제가 대두되고 있다. 어떤 인재든지 아이디어만 있으면 네트워크 효과를 이용할 수 있다. 이러한 네트워크 효과는 과거보다 폭넓게 나타나고 있다. 어느 정도는 승자독식 현상을 설명해주고 있다. 왜냐하면 작은 재능의 차이가 큰 보상의 차이로 이어질 수 있기 때문이다. 네트워크 효과가 커지고 있는 것이다.

"빠르게 변하는 세상에 맞춘 평생 교육 시스템이 필요하다."

여러 가지 근거를 보면 경제의 디지털화가 심화되면서 직능에 대한 수요가 달라지고 있다. 과거에는 기술이 발전하면 근로자들이 이를 따라잡을 수 있게 교육을 더 시키면 그만이었다. 하지만 지금은 상황이 달라졌다. 선진국에서는 교육 수준이 높은 인력에 대한 수요가 높다. 그리고 새로운 기술, 인공지능, 로봇 등으로 대체할 수 없는 일자리에 대한 수요도 높아지고 있다. 반면 디지털 프로세스로 많은 부분이 대체 가능한 일자리는 수요가 줄어들고 있다. 과거처럼 직능 교육을 많이 시키는 방식으로는 일자리 문제를 해결하지 못하기 때문에 고용문제를 해결하는 것이 훨씬 더 복잡해졌다.

대인관계능력이 필요한 일자리들은 전반적으로 늘어나고 있다. 개인 서비스, 의료 서비스가 대표적이다. 의료 서비스의 경우에는 그 안에 고숙련 근로자와 저숙련 근로자가 혼재되어 있지만 컴퓨터로는 대체하기가 힘든 업무이다.

고령화도 빼놓을 수 없다. 대부분의 국가에서 고령화가 빠르게 이뤄지고 있다. 한국도 빠른 속도로 고령화가 일어나는 것으로 알고 있다. 중국, 일본도 마찬가지다. 이미 유럽과 여러 선진국은 고령화를 경험하고 있다. 2040년이 되면 경제 활동 인구가 4.5% 정도 줄어들 전망이다. 한국을 포함한 선진국에서 4.5%의 경제 활동 인구가 줄어든다는 것은, 노동시장에 참여할 수 있는 인구가 줄어드는 심각한 문제다.

일자리의 숫자뿐만 아니라 근로 환경에 더 큰 영향을 미치는 부분이 바로 고용관계의 변화다. 과거 수십 년 동안 최소한 선진국에서는 일자리 대부분이 정규직이었다. 그래서 고용주와 직원들은 계약을 토대로 협력할 수 있었다. 같은 물리적 환경에서 근무하는 것이 근로의 기본적인 조건이었다. 하지만 이러한 환경이 빠르게, 점점 더 많이 변하고 있다. 실제 일을 하는 장소가 고용주가 있는 장소와 다른 현상이 나타나고 있다. 프리랜서와 자영업자의 비율이 영국과 미국에서 빠르게 늘어나고 있다. 다른 지역들도 마찬가지다. 이런 물리적 환경의 변화는 심지어 직원들의 고용관계에도 영향을 미치고 있다. 비정규직이 점점 더 늘어나기 때문이다. 정규직 중심의 고용관계가 변하고 있는 것이다. 아직 선진국에서는 근로자의 3분의 2가 정규직이지만 이 비율은 하락하고 있다. 많은 개발도상국에서는 정규직 비율이 절반 이하로 나타나고 있다. 앞으로 개발도상국이 어떤 모델로 갈지는 알기 어렵지만 선진국에서는 정규직이 설자리를 잃어가고 있다.

ILO와 다른 연구기관의 분석에 의하면 현재 생산 시스템의 변화가 빠르게 나타나고 있다. 일자리의 파편화가 생산방식을 바꾸고 있는 것이다. 생산은 가치 사슬망에 의해 이뤄지고 있다. 글로벌 가치 사슬망은 생산의 핵심인데 이와 같은 시스템에서는 개별적인 작업이 핵심적인 시스템을 중심으로 분업화되어 이뤄지고 있다. 이러한 업무는 생산단계마다 다른 곳에서 생산이 이뤄지는 모습을 보여주고 있다. 과거에는 대기업이 모든 것을 다 생산했지만 이제는 가치 사슬망에 따라서 복잡한 생산이 이뤄지고 있다. 기업의 다각화, 일자리의 다각화가 진행되고 있는 것이다.

가치 사슬망에 있는 핵심 기업들의 상황도 달라지고 있다. 아울러 보급자들의 역할도 달라지고 있다. OECD(경제협력개발기구)에 따르면, 대기업과 중소기업들 간의 생산성 격차가 벌어지고 있다. 또한 회사에 다니는 사람들 간의 불평등이 늘어나고 있다. 이러한 격차는 금융권이 가장 선두에 있는데 WTO(세계무역기구)의 조사 결과와도 일치한다.

전 세계 생산의 25%가 글로벌 가치 사슬망과 연결되어 있다. 국내 가치 사슬망까지 포함하면 그 숫자는 어마어마하다. 점점 확산하는 트렌드가 되었다. 고용에 많은 영향을 미치기 때문에 고용관계의 틀을 흔들고 있다. 이러한 현상의 변화는 불평등과도 관계가 많다. 가치 사슬망과의 연계가 강화되는 것은 기업 입장에서는 반가운 일이다. 그래서 기업들은 매출을 늘리려고 근로자들을 설득하고 있다. 하지만 근로자들의 소득은 더 높아지지 않고 있다. 소득 불평등이 더 강화되고 있는 것이다. 근로자들과 기업 간의 격차가, 소득 격차가 벌어지고 있는 것을 볼 수 있다.

기업 입장에서는 가치 사슬망을 통해 첨단기업을 세우고 생산성을 높이고 있다. G20 국가에서 노동 비중은 점점 줄어들고 있다. G20에 속한 한국도 연구그룹을 만들어서 이런 현상을 이해하려고 노력하고 있다. 분명 노동 비중이 줄어드는 것을 알 수 있을 것이다. 종합해서 보면, 왜 선진국에서 중산층이 점점 줄어드는지 이해할 수 있다. 개발도상국에서도 중산층 증가가 둔화되고 있다. 과거에는 아주 빠르게 중산층이 늘어났지만 이제는 그 속도가 둔화되고 있는 것이다. 이런 현상은 기술적인 이슈가 아니다. 오히려 사회적, 정치적 이슈라는 것이다.

그래도 사회에는 여전히 새로운 기회가 있다. 혁신이 일어나는 분야에 되도록 많은 사람이 참여할 수 있도록 해야 한다. 비즈니스 기회를 독점하는 것은 막아야 한다고 생각한다. 공정한 경쟁을 위한 정책이 필요하다.

공정한 경쟁, 노동시장, 사회복지와 관련해서는 정책들 대부분이 정규직 기반 시스템에 뿌리를 두고 있다. 미래는 정규직에 기반을 둔 사회가 아니기 때문에 미래의 노동시장과 사회의 변화한 모습을 반영한 새로운 정책 틀을 갖춰야 한다. 규제와 사회적 보호가 기본적인 정책의 틀이던 시대를 벗어나야 한다. 노동시장에 참여한다는 것의 의미를 좀 더 넓은 보편적인 범위로 바꿔야 한다. 그래서 규제와 사회 보장을 특정 형태의 고용이 아닌 사회정책과 연결해야 한다. 이미 일부 국가에서는 이런 연결을 시도하고 있다. 네덜란드는 2014년, 프랑스는 2017년에 특별 사회보호제도를 도입해 모든 사람을 보호하려는 정책이 추진된다. 정규직이든 비정규직이든 비슷한 사회적 보호를 제공받는 것이다. 이제 이러한 접근들을 논의할 필요가 있다.

현재 교육 훈련과 일자리 구하기에 필요한 기술이 굉장히 빠르게 변하고 있다. 이에 대응해 평생 교육 시스템도 마련해야 한다. 오늘날 사회는 대부분의 혜택을 정규직이 가져가는 구조다. 정규직이 아닌 경우에는 혜택을 입지 못하고 있다. 아직도 정규직 우위의 과거 체제가 지속되고 있다. 이제는 다른 형태의 사회적 보호제도로 전환해야 한다. 100개 국가를 조사한 결과를 보면, 사회적 보호뿐 아니라 직능 훈련에 대해 조사해도 비슷한 경향이 나타난다. 한국도 마찬가지다.

또 하나의 도전과제는 고용주의 역할과 노조의 역할을 다시금 정립하는 것이다. 구체적으로 말하자면 한국에서는 정책 입안제도로 노사정위원회를 유지하고 있다. 또한 여러 가지 제도가 강력한 역할을 하고 있다. 하지만 고용형태가 굉장히 다각화되면서 다양한 기존의 단체라도 모든 사람을 포괄하지는 못하고 있다. 비공식 노동자, 비정규직 노동자, 파견 노동자 등 모든 사람의 이해관계를 소수의 조직이 대변하기는 힘들어졌다. 그렇게 때문에 이런 사회 변화에 대응하기 위해서 ILO는 새로운 조직의 역할에 대해 생각하고 있다. 노사정위원회를 중심으로 정부, 노조, 고용주가 연결되는 국제협약을 만들고 있다. 아동 노동 착취를 방지하기 위해서도 계속 노력 중이다. ILO가 노사정 3자뿐만 아니라 디지털 경제 속에서 새롭게 나타나는 노동자들의 목소리까지 대변하는 역할을 준비하고 있다.

연구를 통해 21세기의 새로운 세상을 보고 있다고 생각한다. 지금은 완전히 새로운 세상이다. 많은 기회가 존재한다. 고립된 사람들도 세계 경제에 참여하는 일이 나타나고 있다. 여러 분야에서 의료 서비스의 발전 같은 혁신이 일어나고 있다. 물론 위험도 함께 나타나고 있다. 새로운 불확실성이 나타나거나 기업과 기업 간, 근로자와 근로자 간의 불평등도 심화되고 있다.

눈에 띄는 위험 요소는 보호주의적인 방식의 반응이 나타나고 있다는 것이다. G20 지도자들에게 보호주의적 색채가 나타나는 경향이 생기고 있다. 이민과 무역분야에서 보호주의가 나타나는 점은 우려스럽다. 이와 같은 위험 요소는 비생산적이다.

또 다른 위험 요소는 변화에 적응하기 위해 기존의 제도를 제거하거나 바꿔야 하지만 그렇게 하지 않는 것이다. 예를 들어, 불평등 심화는 기술 진보 자체를 거부하는 반작용으로 나타날 수 있다.

어려운 난관은 많지만 그래도 변화하는 세상에 대처하는 자세가 필요한 시기다.

● 강연 ●

## 변화된 고용형태를 기업 경쟁력 강화의 기회로

**윌리엄 베이츠(미국 경쟁력위원회 부위원장)**

오늘 논의하는 내용은 현재 미국에서도 중요한 쟁점 사안으로 이야기되고 있다. 사람들이 일자리를 확보하기 위해서는 기업이 일자리를 창출해야 하고 노동자들은 제대로 된 일자리를 찾을 수 있어야 한다. 그런데 현재 고용의 공급과 일자리의 수요가 일치하지 않고 있어 큰 문제가 되고 있다.

지난 30년 동안 미국 경쟁력위원회는 150명의 최고 경영자, 대학 총장, 국가연구소 소장들이 모여 고용과 관련된 다양한 이슈를 논의하고 정책을 만들었다. 우리의 목표는 굉장히 광범위하고 다양한 인력이 참여하고 있다. 물론 노동조합 지도자들도 참여하고 있다.

고용시장에서 경쟁력을 유지하기 위해 필요한 교육을 제공받지 못하고 있다는 문제를 찾아냈다. 많은 기업도 지적하는 문제다. 아시아 국가들에서도 이러한 문제가 발생하고 있는데 점점 심각해지고 있다. 특히 첨단제품 관련 기업들은 이 문제에 시달리고 있다. 근로자들의 구직 활동과 실제로 기업이 원하는 수요 간의 차이가 커지고 있기 때문이다. 일자리와 사람들이 일치되지 않고 있는 것이다. 이러한 구인과 구직 간의 차이는 이상적으로 쉽게 처리할 수 있어 보이지만 현실은 그렇지 못하다.

미국에는 과학, 공학, 수학을 강조하는 STEM(Science, Technology, Engineering, Math) 교육이 있다. 정부뿐만 아니라 기업과 대학도 STEM 교육 관련 프로그램을 개발하고 있다. STEM 교육이 일자리에 미치는 영향은 마치 벽에 스파게티 면을 던지는 것 같다. 벽에 스파게티 면을 계속 던지면 그중 몇 가닥은 벽에 붙는 상황이 생긴다.

STEM 교육에 대해 모든 사람이 동의하지는 않는다. 교양학문을

"몰입하는 인재가 중요해진 시대다."

배우고 싶은데 과학과 기술만을 강요당하는 것과 같기 때문이다. 이런 비판들이 등장한 이후에는 좀 더 교양학문을 다루는 STEM 교육이 강조되고 있다. 전방위적인 교육을 받은 사람들을 양성하려는 목적이다.

우리는 더 많은 STEM 졸업생이 필요하다고 생각하지만 사실 매년 학교에서 배출되는 인재는 지금도 많다. 그런데 현실에서는 이 인재들이 갈 일자리가 많지 않다. 그런데 기업들은 우수한 인재를 찾지 못한다고 아우성이다. 모순된 상황이 아닐 수 없다.

미국 경쟁력위원회는 뭔가 의미 있는 답을 찾고자 새로운 시도를 하고 있다. 그래서 〈고용(Work)〉이란 보고서를 발표하고 있다. 30년 전부터 발간해오고 있는데 중요한 업무 중 하나다. 지난 10년 동안 혁신, 에너지 제조, 공공영역과 민간영역 간의 협력, 인재와 노동인구의 중요성 등을 강조해왔다. 〈고용〉은 새로운 시사점과 통찰력, 다양한 영역의 공통점을 뽑아 현재 노동시장에 불고 있는 대대적인 변화를 어떻게 이해할 수 있을지 해답을 찾는 시도다.

방금 전에 수요와 공급이 일치하지 않는 노동시장의 불균형에 대해 이야기했다. 노동시장, 즉 고용의 불균형이 왜 이렇게 중요한 문제일까? 미국 경쟁력위원회와 컨설팅사인 딜로이트가 계산한 글로벌 제조 경쟁력 지수를 바탕으로 이야기하겠다. 미국과 다른 국가들이 제조업 분야에서 보유한 경쟁력을 비교했는데 한국은 5위로 나타났다. 5년 후에는 6위를 차지할 것으로 본다.

글로벌 CEO들을 대상으로 설문조사를 했더니 미국이 중국의 경쟁력 순위를 향후 5년 안에 넘어설 것이라고 답했다. 그 이유는 바로 인재를 기반으로 한 혁신 덕분이다. 이것은 무엇을 의미할까? 그리고 인재 기반 혁신은 무엇일까?

이에 대한 답을 찾기 위해 〈고용〉을 다시 한 번 살펴보자. 숙련된 노동인구와 관련한 부분이다. 2008년 이전부터도 존재했고 지금도 노동자들이 직면한 현안이기도 하다.

우선 고숙련 노동자들에 대한 수요가 늘어나고 있다. 세계화가 이뤄지고 있고 빠른 속도로 변화가 진행되고 있기 때문이다. 미래의 일자리 성장은 지식과 기술 집약적인 사업으로부터 이뤄질 것이다. 반면 농업분야에서는 새로운 일자리가 창출되기 힘들다. 그렇다면 지식과 기술 집약적인 산업은 무엇일까? 바로 팀에서 의사결정을 내리고 문제를 해결하는 것이다. 커뮤니케이션 자질도 중요하다. 계획과 구성에 우선순위를 두고 멀티 테스킹(Multi tasking)의 모습을 갖춰야 한다. 과학자면서 커뮤니케이션 전문가, 외국어에 능통한 엔지니어, 작가이면서 프로그램 코딩을 할 줄 아는 사람, 즉 뛰면서 저글링을 할 줄 알아야 한다는 것이다.

경제구조가 바뀌면서 고용주의 필요 요건도 바뀌고 있다. 그러면서 노동자들에게 가해지는 압력이 커지고 있다. 요즘 같은 세상에서 노동자들은 지식과 기술에 대한 이해를 빠르게 키워나가야 한다.

시장에 대한 통계를 보자. 전화 보급이 5,000만 명에 달하기까지는 75년, 인터넷 이용 인구가 5,000만 명에 도달하기까지는 25년이 걸렸다. 하지만 페이스북 이용자가 5,000만 명을 뛰어넘기까지는 4년밖에 걸리지 않았다. 포켓몬 고는 출시된 지 20일도 되지 않아 5,000만 명의 이용자를 모았다. 이러한 현상이 보여주는 트렌드는 무엇일까?

전 세계 노동시장은 짧은 기간 안에 4배로 증가했다. 대부분 개발도상국가에서 일어났다. 임금도 중요한데 미국은 시간당 36달러, 한국은 22달러, 중국은 2.62달러, 인도는 1.59달러로 나타나고 있다. 미국 노동자들이 생산적이기 때문에 다른 국가에 비해 많이 주는 것입니다. 그렇다면 미국 노동자가 인도 노동자에 비해 약 20배 더 중요하다고 할 수 있는 걸까? 우선순위를 어디로 보느냐에 따라 다르다. 미국 통계청 조사에 따르면, 160종류의 일자리가 해외로 이전이 가능하다. 임금, 교육 여건 등을 감안해서 꼽은 숫자다. 제조업, 전화

안내 업무 등 정해진 양식을 따르는 유형의 일자리가 대부분이다. 이전하기도 쉬운 일자리다.

미국이나 한국의 노동자들은 돈을 더 받는다고 해서 그만큼의 경쟁력이 있는 것은 아니라는 사실을 알아야 한다. 기업이 그 정도의 돈을 더 지불할 수 있도록 경쟁력을 더 높여야 한다. 사람들 간의 경쟁력뿐만 아니라 기계와 비교했을 때의 경쟁력도 생각해야 한다.

기계가 더 많이 사용될수록 내 일자리도 영향을 받는다. 최근 미국 노동부의 연구조사에 따르면, 미국 일자리의 47% 정도는 로봇과 기계에 의한 자동화가 가능하다고 나왔다. 그 수치는 점점 올라갈 것이다.

현재 전 세계 노동자는 서로 경쟁을 할 뿐만 아니라 기계와도 경쟁해야 한다. 또한 비즈니스 모델의 변화에 따른 새로운 경쟁도 생기고 있다. 택시 운전자에게 우버는 어떤 의미일까? 넷플릭스의 성장은 방송업계 종사자에게 어떤 의미일까? 시장의 변화는 모든 사람에게 타격을 줄 수 있다.

기업들은 고숙련, 고능력의 인재를 원하고 있다. 이와 같은 일자리시장의 불균형이 고등교육을 받은 노동자와 그렇지 못한 노동자 간의 격차를 더 벌리고 있다. 그렇다면 이러한 변화에 어떻게 대처해야 할까?

미국에서는 노동자의 50%가 업무에 완전히 몰입하지 못하고 있다. 하루 종일 직장에는 있지만 그렇게 노력하지는 않고 있다. 23%가 적극적으로 업무에 참여하지 않고 있는 것으로 나왔다. 이 사람들은 적극적으로 문제를 해결하지 않고 있다. 기업 입장에서 보면, 자르고 싶은 사람들에 해당한다. 그리고 미국 노동인구의 32%만이 업무에 완전히 몰입하고 있다. 인재 기반의 혁신을 이끌 사람들이다. 앞으로 이러한 사람들을 확보한다면 경제가 더 발전하고 성장할 것이다. 그렇다면 이렇게 몰입하는 인재들을 어떻게 구할 수 있을까? 갤럽이 그 답을 찾아봤다. 인턴십과 멘토링을 통해 명확한 일자리 진로를 보여주는 것이 방법 중 하나다. 실제로 많은 경영인이 중요하다고 말한다. 참고로 인턴십과 멘토링을 받은 사람들 입장에서는 정부지원보다 인턴십 등이 더 중요하다고 한다. 이를 위해 또 다른 혁신이 필요하다.

● 강연 ●
## 새로운 고용형태를 효과적으로 활용할 방안은 무엇인가?

**제이슨 티스코(미국상공회의소재단 교육인력센터 소장)**

우선 우리 재단을 소개하려고 한다. 민간기구이며 미국 내 25개 상공회의소, 그리고 3,000만 개 이상의 업체를 대표하고 있다. 실제 일자리를 창출하는 중소기업들이 회원사의 대부분이다. 미국상공회의소는 전 세계에 있다. 회원기업이 필요한 것을 요청하면 우리는 해결책을 마련해 제시하는 역할을 하고 있다.

요즘 고용환경이 급변하고 있다. 고용주의 기대가 달라지고 있고 사업장 구조도 변하고 있다. 비즈니스 업계에서는 혁신을 바탕으로

"미래의 경쟁은 인재 경쟁이다."

경쟁하고 있다. 곳곳에서 파괴적 혁신이 이뤄지기 때문에 이대로 안주할 수 없다는 불안감도 존재한다. 혁신의 사이클은 점점 더 짧아지고 많은 사람의 일상에 직접적인 영향을 미치고 있다.

미래의 경쟁은 인재에 대한 경쟁이다. 인재는 경쟁 우위의 원천이다. 또한 노동자들의 고용형태와 고용주와의 관계, 노동자들이 필요로 하는 역량도 빠르게 바뀌고 있다. 고용주들이 필요한 역량을 채우는 사이클도 빨라지고 있다.

지금 미국 젊은이들은 역사상 그 어느 시대보다도 교육에 오랜 시간을 투자하고 있다. 그런데 교육제도가 기업들의 기대와 다른 방향으로 움직이고 있는 것 같다. 교육은 길어지고 있지만 고용주들은 훨씬 빠른 사이클로 고용하고 싶어 한다. 교육과 기업이 필요한 역량

사이에 격차가 발생하고 있는 것이다. '일자리가 없는 사람도 많고 사람이 없는 일자리도 많다'라는 이야기가 있을 정도다. 양질의 일자리 600만 개가 사람이 없어서 채용을 못하고 있다. 실제로 회원사 최고 기술 책임자의 90%가 '스킬 갭(Skill Gap, 산업 현장이 원하는 기술과 실제 보유한 역량의 차이)'을 느끼고 있다. 고용주의 절반 정도가 적절한 사람이 없어서 장기간 비워둔 일자리가 있다고 했다. 이런 통계는 충격적이다. 설문조사에 참여한 기업의 40%는 적절한 인재를 확보할 수 있다면 고용하겠다는 입장을 밝혔다.

미국을 비롯한 주요 선진국의 경제 성장이 둔화되고 있는 이유 중 하나는 인재 부족이다. 이 문제는 점점 악화되고 있다. 1980년대 초반부터 이 문제에 대한 연구가 시작됐는데 그때 이미 폭풍 일보 전이라는 표현을 썼다. 지금은 폭풍이 휘몰아치는 중이다. 그렇기 때문에 미국상공회의소는 기업 회원들을 대신해서 많은 이야기를 하고 있다. 지금 산업계 전반에 걸쳐 일어나고 있는 자동화로 인해 분석력이 필요한 일자리가 늘어나는 반면, 저숙련 노동자는 일자리를 잃을 가능성이 높아지고 있다.

학생들은 교육을 받고 있지만 결과가 좋지 못한 경우가 많다. 미국의 경우 전반적으로 고등교육 졸업 비율이 낮은 편이다. 약 40%가 대학교를 졸업하지 못한다. 그래서 대학 졸업이 도전과제가 되기도 한다. 설령 대학교를 졸업해도 인문학 전공자는 경제분야에서 자신의 역량을 발휘하지 못할 확률이 절반 이상이다. 지금은 고용주와 노동자 양쪽 모두 어려움을 겪고 있다.

우선 미국이 이러한 문제에 접근을 어떻게 하는지 보자. 대대적인 연방제도를 통해, 45개 연방 프로그램을 통해 주 단위로 교육과 직업훈련을 제공하고 있다. 연방 지원을 받아 해당 주 안에서 받는 형식이다. 굉장히 복잡하고 실제로 회원사들도 굉장히 혼란스러워한다. 고용주들이 여기에 참여 요청을 받으면 복잡한 체계를 따라야 한다. 한마디로 혼란스럽고 탈중심화된 시스템이다.

우리는 어떻게 문제 해결에 참여하면서 연방정부와 주정부에 지나치게 의존하지 않는 방법을 모색하고 있다. 이 시대에 필요한 해결책을 찾고 있다.

고용주들이 직접 직원들의 교육훈련을 담당했던 시대에는 직원들을 장기간 고용하려면 교육하는 것이 효과적이었다. 이때는 정부 차원의 교육제도에 의존하지 않았다. 1950년대 이전에는 이런 방식이 경제적이었다. 직능이 빨리 변하지 않았고 고등학교를 졸업한 사람이라도 채용하면 오랫동안 한 회사에서 머물었기 때문이다. 1980~1990년대는 아웃소싱이 일반화가 되었다. 그래서 교육과 훈련을 아웃소싱을 통한 고등교육제도에 의존했다. 전문대와 대학교들은 현재 인재와 예비 노동자들을 배출하고 있다. 그래도 앞서 말했듯이 고용주들은 이러한 인재에 만족감을 느끼지 못하고 있다.

우리는 이제 인재 파이프라인을 관리하는 데 집중해야 한다. 고용주들은 공급망 관리와 혁신 경험을 토대로 인적 관리에 적용이 가능한 인적 관리 사슬망을 만들어야 한다. 기업들은 파트너와 공동의 가치를 창출하고 필요한 것을 공급받기 위해 공급망을 관리하기 때문에 인재 관리부분에도 이러한 시스템을 도입할 수 있다. 공급망 관리라고 하면 과거에는 물류부분에만 한정된 이야기였다. 과거에는 물류 담당자가 거래처를 괴롭혀서 최저가에 물건을 공급받는 데 초점을 맞춰왔다. 그런데 시간이 지나면서 선진 기업들은 새로운 패러다임에 눈 뜨게 됐다. 공급자들에게 가격을 낮추라고 윽박지르는 대신 공급 상품의 질에 신경을 써서 전반적으로 가치를 높이는 방향이 더 효과적이라는 사실을 알게 된 것이다.

인재 관리분야에서도 비슷한 상황을 볼 수 있다. 많은 기업이 인사부에서 채용과 인사관리에 대한 모든 업무를 담당한다. 그런데 선진 기업들은 혁신은 인재로부터 나온다고 보고 인사부서뿐만 아니라 다른 부서 임직원들과 협력해서 인재 공급망을 관리한다.

공급망 관리는 기업들이 구매 결정을 아주 고도화하게 만드는 핵심과정이다. 인재 관리 사슬망도 마찬가지다. 교육기관과 훈련기관 간의 관계를 개선해서 누군가가 채용됐을 때 실제 일할 방법이 무엇인지 중점을 두고 교육해야 한다.

공급망 관리는 성과관리의 정밀화라는 효과를 가져온다. 특정 기관과 특정 프로그램을 졸업했는지가 더 이상 중요하지 않다. 이제 기업들은 인재에 대해 분류해야 한다. 치열하게 경쟁하며 혁신을 주도하는 인재가 어떤 인재인지에 대해서는 기업별로 별도의 정의가 필요하다. 기업들의 인사팀, 재무팀 등이 핵심우위를 지니는 인재를 파악해야 하고 인재 필요에 대한 전략을 세워야 한다. 새롭게 고용된 신규 직원에 대해 어떤 훈련을 시킬지, 기존 직원에 대해서는 어떤 훈련을 제공할지, 경력직 고용은 어떻게 할지 등을 서로 면밀하게 합의해야 한다. 또한 이를 바탕으로 어떤 인재를 채용할 것인지를 파악할 수 있다.

어떻게 훈련시킬지를 결정하면 서플라이 체인(Supply Chain, 부품 공급망)을 만들어야 한다. 훈련기관과 교육기관을 연결해서 서플라이 체인을 만드는 것이다. 학생들과 고용주들이 함께 협력할 수 있는 네트워크가 된다.

예비 구직자들에게 이런 프로그램을 통하는 것이 좋다고 미리 알려줘야 한다. 미국 항공기제조회사 보잉은 양질의 엔지니어 후보자를 확보하기 위해 다음과 같은 전략을 펼쳤다.

이미 회사에서 일하고 있는 직원들 중 최고 수준의 인재들이 어느 학교를 졸업했는지 확인한 결과, 4개 대학 출신들의 성과가 좋다는 것을 알게 되었다. 4대 대학교에 필요한 인재를 훈련시켜 달라고 제안했다. 엔지니어에게 필요한 기술이 달라지면 대학의 교육 프로그램도 바꾸도록 했다. 그렇게 4개 대학교의 프로그램을 기본 프로그램으로 삼았다. 고등학교 졸업자들에게 보잉에 입사하고 싶으면 이 4개 대학교에 가서 배우라고 권유할 정도였다.

서플라이 체인을 유지하기 위해 배워야 할 것이 많다. 그러므로 서플라이 체인과 관련된 전략을 세우는 것이 필요하다. 우리는 기업 회원들에게 인재 서플라이 체인을 만드는 전략을 제공하고 있다. 여러 회사가 함께 인재 서플라이 체인을 운영하는 것도 방법이다. 예를 들어 제조업체들이 어떤 프로그램을 선호한다고 할 때 여러 제조업체가 모여 그런 프로그램을 운영하는 것이다.

수요에 대해 예측도 잘해야 한다. 그때그때 수요를 업데이트해서 교육 훈련기관에 제공해야 한다. 그렇게 해서 원하는 능력을 갖춘 예비 구직자들이 있는지 확인한다.

이와 같은 방법으로 하면 교육기관들은 오늘날의 경쟁에 맞는 인재를 양성할 수 있다.

고용주들은 사내 인사시스템을 이용해서 최고의 인재를 어디서 확보했는지 분석하고 그 성과를 회사 조직원들과 공유해야 한다. 인재 양성을 위해 직접 투자할 여력이 있는 고용주들 중심으로 보면 실제 고용주들은 매년 6,000억 달러라는 거액을 직원 교육에 투입하고 있다(미국 기준). 이 금액의 10%만 인재 발굴을 위해 투자하면 어마어마한 변화가 가능할 것이다.

## 02

# 직업 교육 훈련의
# 혁신

**로널드 제이컵스(일리노이대 교수) 외**

세계적인 경기 둔화와 저출산, 고령화에 따른 경제 활동 인구의 감소 등으로 인해 산업 현장에 필요한 인력 양성을 이제는 효율적으로 진행해야 한다. 특히 현장과 괴리된 직업 교육 훈련을 실무형 인재 양성으로 바꿀 필요성이 꾸준하게 논의 중이다. 그것도 혁신적으로. 양성된 인재를 산업 현장에서 바로 활용할 수 있도록 기업이 원하는 인력을 양성할 수 있는 직업 교육이 필요한 것이다.

한국은 교육 시스템 개선을 위한 롤모델로 독일과 스위스의 듀얼 시스템을 참고하고 있다. 능력 중심의 인재 양성 및 채용 문화가 정착된 유럽 선진국과는 달리 현장에서 인재를 양성하는 기업 관행이 부족한 한국에서 일 · 학습 병행제(한국형 듀얼 시스템)의 성공적인 정착과 이를 통한 능력 중심의 사회 구현을 위한 방안을 논의하고자 한다.

## 미국의 작업 교육 시스템

**로널드 제이컵스(일리노이대 교육학과 교수)**

미국에는 국가 주도의 인력 양성 시스템이 없는 대신 다른 주체들이 주관하고 있다. 한국과는 시스템이 다른 것이다. 기술학교, 노조가 맡은 교육, 문맹 퇴치를 위한 교육, 노동부에서 나오는 기금, 실직자들을 위한 교육 등 여러 부처를 통해 교육이 진행되고 있다.

고용주에 대한 지원도 여러 주체가 따로 지원하고 있다. NCS(국가 직무능력표준)가 미국에는 없다. 연방 정부의 역할도 그때그때 다르다. 통합하려는 노력을 하고는 있지만 아직 일·학습 병행제 같은 제도는 없다. 그래서 개인의 선택에 모든 것이 달려 있다.

요즘 재미있는 변화는 점점 더 많은 직업이 자격증을 요구하고 있다는 것이다. 물론 이 변화와 관련해서도 개별적으로 움직이고 있다.

미국은 산재된 서비스를 개인이 적극적으로 찾아서 활용하는 구조다. 예를 하나 들겠다. 고등학교를 졸업한 조카 윌리엄은 대학에 관심이 없었다. 그 대신 아버지의 요구로 18개월짜리 용접 프로그램을 통해 용접을 배웠다. 그냥 자격증을 취득한 것이다. 물론 미국 용접협회에서 인정하는 자격증이다. 그런 다음, 원전을 건설하는 곳에 임시직으로 취직했다. 회사는 2개월 동안 지켜보고 최종적으로 고용

여부를 결정할 것이다. 동시에 지역 노조가 제공하는 용접 프로그램 고급과정을 이수했다. 2개월 후 윌리엄은 회사에 고용되었다. 용접으로 시간당 40달러 넘게 받는다. 지금 21살인데 꽤 많은 돈을 벌고 있는 것이다. 저녁에는 노조가 제공하는 프로그램을 통해 공부를 계속하고 있다. 2~3년 정도 공부를 하면 장인의 수준이 될 것이고 시간당 80달러를 벌게 된다. 미국에서 장인이 되면 중요한 일을 하는 수준으로 인정받는 것이다. 때로는 대학 학위가 있는 것보다 더 좋은 경우가 많다. 윌리엄은 일·학습 병행을 선택한 것이다. 이 과정에서 사회는 강요하지 않았다. 개인이 하려는 의지가 있으면 된다.

최근 들어 '역량 기반'이라는 용어가 강조되고 있다. 1960년대부터 사용된 개념인데 1970년대부터 본격적으로 알려진 것 같다. 모델이 있다는 의미인데, '내가 추구하는 것은 바로 ○○이다', '내가 하고 싶은 직업은 바로 ○○이다'라고 정한 다음에 집중하는 것을 말한다. 미국에서는 이 용어가 특정 결과와 직업을 염두하고 배우는 과정이라는 의미로 사용되고 있다.

한국의 NCS를 두고 역량 기반이라고 말한다. 역량 기반사회를 생각할 때에는 기반이 있어야 한다. 한국의 일·학습 병행제는 가능성도 있고 훌륭하다. 하지만 사회에는 여러 이해당사자가 있다. 모두를 만족시킬 수 없는 것이다. 궁극적으로 고용주가 중요한 이해당사자가 되며 그다음이 노조, 국가, 교육기간 등이다. 또한 표준에 대해 보면 맞는 부분이 있고 맞지 않는 부분이 있다. NCS, 즉 국가직무능력 표준이 존재할 수 있지만 모든 이해당사자를 만족시킬 수 없다.

"교육 시스템에는 유연성이 중요하다."

미국에는 NCS 같은 것이 없다. 관심 있는 사람에게 직업표준학회나 단체에서 자격을 준다. 노동부에서 관리하는 직업 정보 서비스인 오넷이 있다. 굉장히 규모가 큰 데이터베이스다. 여러 직업이 들어가 있다.

사실 NCS처럼 직업에 대해 분석하는 표준의 경우에는 그 표준에 사회의 이해당사자가 제대로 잘 연관이 되어 있는지 생각해볼 필요가 있다.

외국의 시스템을 도입한다고 해도, 한국 입장에서 볼 수 있어야 한다. 인력 계발은 세계 여러 나라의 문제다. 국가마다 많은 고민을 하고 있다. 국가마다 역사와 문화, 니즈가 다르다는 것이 중요하다. 국가별로 역사가 다르기 때문에 출발점이 다른 것이다.

한국의 경우 호주, 독일의 시스템을 참고한 것으로 알고 있다. 이 과정에서 한국이라는 렌즈를 갖고 봐야 한다.

미국의 시스템을 보면 아무도 신경 쓰지 않는 것처럼 보이겠지만 실제로 효과가 있다고 평가받는다. 물론 문제점도 있다. 너무 개인에게 맡기는 바람에 능동적인 자세를 보이지 못하는 젊은이들은 틈새로 빠져나간다는 것이다.

모든 사람에게 다 맞는 완벽한 시스템은 없다. 개인도 어느 정도의 노력은 해야 한다.

결국 시스템에서 중요한 것은 유연성이다. 하나의 표준적인 시스템은 구축하기까지 굉장히 많은 노력을 기울였는데도 불구하고 세상이 변하는 속도를 따라가지 못하면 효용이 떨어진다는 것이다. 직업 교육 시스템은 고객의 니즈, 고용주의 니즈에 맞아야 하며 결과 중심이어야 한다.

시스템을 생각할 때, 뭐가 나와야 하는가에 대해 먼저 생각해야 한다. 어떤 시스템이든 되도록 개인, 고용주, 사회가 다 만족하도록 해야 한다.

● 강연 ●
- - - - - - - - - - - - - - - - - - - - - - - - - - - - - - - - - - - - - - - - - - - - - - - - - - - - - - - -
## 일 · 학습 병행제의 효과

**윤석호(한국산업인력공단 일학습지원국 국장)**

한국은 1970년대에 수출 주도의 정책을 펼친 결과, 1980년대 들어서면서 대량 생산에서 고부가가치 생산으로 접어들게 된다. 그리고 1990년대에 직업 훈련도 사회안전망을 갖추게 되는 전환점을 맞이했고 2000년대에 들어서면서 공급 중심에서 수요 중심으로 바뀌었다. 그 당시에 노동시장의 미스매치(mismatch) 문제가 심하게 나타났다. 이제는 저출산과 고령화사회가 되면서 노동시장의 미스매치가 더욱 심화되고 있다. 그렇다면 왜 일·학습 병행제가 필요할까?

25~34세 중에서 고등교육을 받는 비중이 다른 국가에 비해 한국이 월등히 높다. 실제로 교육수준이 높을수록 더 좋은 일자리, 더 높은 임금을 받는다는 상관관계가 존재한다. OECD 국가 중에서 한국이 가장 높은 대학 진학률을 보이는데 결국 학력이 모든 것을 결정하는 구조라고 볼 수 있다. 학력에 따라 임금 격차가 결정되기 때문에 정부, 기업, 가계에 부담이 되기도 한다. 그래서 일·학습 병행제를 통해 학교와 기업에서는 업계, 사회 수요에 따라 직원들에게 교육을 제공할 수 있게 된다. 학교와 기업에서 기술의 미스매치를 해결할 수 있는 것이다. 기업 입장에서는 맞춤식 교육을 제공할 수 있게 되었다. 그 결과, 효율성이 높아졌고 지식과 노하우가 전달이 될 수 있는 환경이 조성됐다.

한국에서 직업 교육 훈련의 새로운 패러다임으로 평가받는 일·학습 병행제의 전반적인 운영방식은 다음과 같다. 독일과 스위스의 모델을 근간으로 했으며 기업의 경우에는 추가 교육을 위해 직원을 선발하기도 한다. 체계적인 교육 프로그램을 제공하여 직장 내에서 작업 효율성을 올릴 수 있다. 교육은 직장 내부뿐만 아니라 외부 교육기관에서도 받을 수 있다. 프로그램을 이수하면 정부가 발급한 수료증이 나온다.

일·학습 병행제의 종류는 단일 기업형과 공동 기업형으로 나뉜다. 단일 기업형은 오제이티(On the Job Training, 업무를 하면서 받는 사내교육)와 오프제이티(Off the Job Traing, 연수처럼 일상 업무에서 떠난 상태로 받는 교육)가 있다. 반면 공동 기업형은 오제이티는 회사에서 받고 오프제이티는 공동교육센터에서 여러 회사의 직원들과 함께 받는 것을 말한다. 수료증을 받을 수도 있고 학위 프로그램도 있다. 수료증은 정부가 해당 과정을 수료한 근로자에게 준다.

견습제도도 있다. 학업과 일을 병행하는 고등학교, 전문대, 기술대 학생들이 학교에서 이론에 대해 배우고 직장에서 직무와 관련된 교육을 배우는 인턴과정을 거친 후에 채용되는 것이다. 학교와 기업 간에 직접적으로 운영되는 교육 프로그램으로 유니테크(Uni-Tech)가 있다. 이론과 실무를 인재들에게 제공한다. 마지막으로 IPP(Industry Professional Practice, 기업 연계형 장기 현장 실습)형 일·학습 병행제가 있다. 4년제 대학이 주요 프로그램 운영기관으로 참여하는데 해당 근로자들은 1년 반 동안 교육을 받는다.

일·학습 병행제의 신청과 관련해서 기업은 직원 20명 이상이면 신청할 수 있다. 오제이티와 오프제이티의 비중이 각각 50%, 20%로 정해져 있다. 기간은 6개월~4년, 수료시간은 300~1,000시간 정도이다.

이 교육 프로그램의 개발방식을 한번 살펴보자. 우선 프로그램 구성요소에 대해 이야기하겠다. 교육 플랜을 구축하고 주요 특징에 대해서는 NCS를 표준으로 한다. 그리고 업계 전문가들과 기업 전문가들이 프로그램 개발에 참여하고 기업 중심으로 운영한다. 그 과정에서 프로그램 기간, 오제이티와 오프제이티의 비중, 훈련생들의 운영방식 등에 대해 다양한 검증을 거친다. 또한 성공적으로 관리됐는지 등 품질 관리도 진행된다. 교육생 평가도 있다. 프로그램 강사가 평가보고서를 쓰는데 그 평가결과에 따라 레벨별로 다르며 수료증이 나오기도 한다. 정부는 안정적인 교육이 진행되도록 지원한다. 매달 교육 훈련 수당뿐만 아니라 숙박료, 교육비 등도 지원한다.

지금까지 약 8,100개의 기업이 참여했고 2017년에는 10,000개 기업에 일·학습 병행제가 실시될 예정이다. 기업 효율성, 기업과 학교 간 기술적인 미스매치, 그리고 노동시장이 개선될 것으로 기대된다. 체계적인 교육 훈련제도를 구축하기 위해서는 추가적인 컨설팅과 모니터링을 통해 품질 재고가 지속되어야 한다. 앞으로 현장에서 강사를 지원하는 교육과 내·외부적인 평가를 위한 지원도 강화할 계획이다. 또한 이 시스템과 관련된 베스트 프랙티스(Best Practice, 모범 경영) 사례를 찾아서 홍보하고 이를 통해 많은 참가를 확대하려고 한다.

● 강연 ●
## 일·학습 병행제의 성공적 정착의 길

**정현진(현진소재 미래교육원 원장)**

산업체에서 인력을 키우고 배치하는 과정에서 어떻게 일·학습 병행제를 이용했는지 이야기하고자 한다. 현실적으로 산업체에서는 비용 등의 다양한 여건에 따라 교육, 채용, 배치 여부를 결정할 수밖에 없다.

처음에는 기업이 요구하는 능력의 수준과 근로자의 수준 간에 차이가 있었기 때문에 기업 내부에서 별도의 교육을 진행해야 했다. 그러다가 이런 교육을 계속적으로 진행할 수 있을지 고민한 끝에 현장에서 필요한 능력을 정확하게 정의하여 학교와 고용노동부에 요구했다. 그 결과, NCS를 중심으로 인력을 양성하는 환경을 조성했다.

일·학습 병행제가 있지만 아직까지는 미숙련 인력들을 기업이 직접 키우는 데 활용하는 선에 그치고 있다. 앞으로 도제학교, 고등학교, 대학교 같은 학교에서도 적극적으로 참여해야 한다.

요즘은 이미 어느 정도 숙련된 근로자들을 교육하는 것에 대한 시스템의 필요성이 대두되고 있다. 국가기술자격제도가 변하듯이 NCS에 바탕을 둔 NQF(National Qualifications Framework, 국가역량체계)를 도입해서 숙련 근로자와 미숙련 근로자 모두에게 혜택이 돌아가는 시스템을 도입해야 한다.

● 강연 ●
----------------------------------------------------------------
## 일·학습 병행제를 경험한 결과

**이형진(동부대우전자)**

전자회사에서 일하면서 일·학습 병행제를 통해 학습한 교육생이었다. 직업 교육 훈련의 혁신은 굉장히 중요한 주제다. 아직까지 발전 여지가 남아있다고 본다.

아직은 기업과 교육생 간의 이해에 차이가 있어 미스매치가 있다고 본다. 예전에 인턴으로 일할 때에는 회사에서 직업 교육 훈련을 받지 못했다. 결국 대학 4학년 때 일자리를 찾기 위한 학습에 집중했을 뿐, 직장에서는 일을 잘하기 위해서 학습에 집중하지 못했다. 기업 입장에서 보면 대학 졸업생이더라도 신입직원이기 때문에 많은 자원을 투입해 교육을 시켜야 하지만 현실적으로 신입직원이 적절한 전문가들을 찾아 배우기 어렵다. 그래서 좋은 직업 교육 훈련가들을 양성해 이런 문제를 해결해야 한다.

교육 콘텐츠도 중요한 문제다. 일·학습 병행제에 참여하면서 실제로 일할 때 필요한 지식이나 기술을 많이 얻었다. 물론 실망스러운 경험도 많았다. 배운 내용 중에 실제 현장과는 다른 경우도 많았기 때문이다. 또한 근무 상황에 필요한 교육 콘텐츠를 찾지 못한 경우도 많았다. 앞으로 양질의 교육 콘텐츠가 좀 더 많이 필요하다고 생각된다.

청중의 질문에 답하고 있는 로널드 제이컵스

▶ 청중: 어떻게 하면 NCS를 융통성 있게 운용할 수 있을까?

▶ 로널드 제이컵스: 최근에는 직업이 빠르게 변하고 있다. 또한 직무가 수시로 바뀌면서 관련된 역량도 바뀌고 있다. 그래서 조직 일선에서 일하는 사람도 정보를 활용할 수 있어야 한다. 과제와 직무에 대한 분석은 너무나 중요해서 조직이나 고용주가 반드시 알아야 하기 때문이다.

NCS도 주기가 있다. NCS를 핵심 문서로 활용하되 조직 내에서 일어나는 일들과 연계해야 한다. 고용주가 표준을 갖는 것도 중요하지만 현장에서의 변화도 감안해야 한다.

▶ 청중: 교육 프로그램에 참여하면서 시험을 치룬 적이 있는데 시험 결과가 패스 (pass) 여부로만 나오기 때문에 시험 난이도가 조정이 되지 않는 것 같다. 특히 외부적인 평가방법을 개선할 필요가 있다. 현 시스템에서는 외부 평가가 전체 프로그램이 완료된 상황에서 한 차례만 실시되고 있다. 2년간 참여했는데 평가가 없었다. 가능하다면 교육생에 대한 평가를 자주 해야 한다고 본다.

▶ 윤석호: 경쟁력 있는 사람에 대해 국가가 평가를 해서 해당자가 좋은 대우를 받는 사회가 되어야 한다는 의미로 생각된다. 평가와 훈련은 분리될 수 없다. 국가는 공신력 있는 평가를 해서 통용성을 보장하기 위해 노력 중이다. 재정적 지원 외에도 NCS의 경우 능력 단위는 훈련의 도구이자 평가도구라는 특징을 갖는다. 어떻게 쓰고 어떻게 활용하느냐가 중요하다. 현재 학교나 기업에서는 어떻게 써야 하는지가 중요한 부분인데 너무 어려운 측면이 있다. 구체적인 작동에 대한 설명이나 컨설팅이 병행되어서 국민들이 쉽게 사용할 수 있도록 해야 한다.

▶ 청중: 로널드 제이컵스 교수의 조카 사례와 같은 상황을 만들기 위해서라도 한국에 정착되지 않은 직무급의 기준에 대해 좀 더 설명을 부탁한다. 더불어 직무 정착을 위해 한국 정부와 기업이 해야 할 것은 무엇인지 알고 싶다.

▶ 로널드 제이컵스: 좋은 질문이다. 내 조카는 부모를 잘 만난 경우라고 볼 수 있다. 부모, 가족의 지원이 중요하다. 18살이라고 해도 아직 미래에 대해 잘 모르기 때문에 주변의 지원이 필요하다. 조카의 경우에도 누군가가 밀어줘야 했는데 아버지가 살짝 밀어준 역할을 한 것이다. 용접가는 전문 기술자에 속한다. 간단한 용접을 할 수 있는 사람은 많지만 원전에 용접할 수준의 기술자는 많지 않다.
미국의 경우에도 모든 젊은이가 어떠한 시스템을 경험하면 좋겠지만 현실적으로 불가능하다. 틈 사이로 새는 젊은이가 많다. 가족이 적절하게 지원해주지 못하기도 하고, 지역 환경에 따라 상황이 다르다. 더 이상 공부하기 싫다는 개인적인 태도도 있다. 그렇다고 해도 적절하게 노동 인력을 키우지 못하면 사회는 결국 대가를 치른다. 범죄자가 늘어나는 바람에 사회적 비용이 증가하는 것처럼 말이다. 그래서 미국에서는 견습 프로그램에 들어가고 안정적인 단계를 밟아 가도록 유도하는 것이다. 물론 이런 시스템이 항상 있는 것은 아니다.

한국은 에스오제이티(SOJT, 여기서 S는 'Structure' 의미)를 현장 직무 교육 훈련이라고 하면서 경험을 강조한다고 들었다. 그냥 관찰하고 배우라고 하면 안 된다. 구조화(Structure)가 된 훈련이어야 한다. 그리고 믿을 수 있는 프로그램이 되기 위해서는 젊은이가 고용됐을 때 어떻게 되는가를 생각해야 한다.

▶ 청중: 대학교를 다니다가 노동시장으로 조기 진입을 할 경우에 현장 경험이 중요하다고 생각된다. 재학생 단계에서 필요한 것은 무엇인가? 그리고 고교 단계의 프로그램에 필요한 기업 현장교사의 자질은 무엇인가?

▶ 윤석호: 재학 단계에서의 일·학습 병행제는 상당히 중요하다고 본다. 그러나 학교 측의 반응을 보면 기업 발굴이 너무 어렵다고 한다. 교사의 업무가 교육이지 기업체 발굴은 아니지 않느냐는 질문도 있다. 맞는 말이다. 교사가 취업까지 책임질 수 없는 것은 맞는데 현실적으로 학생에 대한 정보는 교사가 많이 갖고 있지 않은가. 아직도 학생들의 취업은 교사의 정보 분석을 통하는 구조다. 장기적으로 보면 좋은 구조는 아니다. 내적, 질적 기반의 국가제도로 나아가야 한다. 기업들이 학교를 스스로 찾아갈 수 있게 정부가 장려해야 한다. 정부가 좀 더 정확하게 국민들에게 알려서 우리 기업들도 학생들이 필요하다는 인식이 퍼져야 한다. 그러면 기업이 스스로 찾아갈 것이다.
정부가 홍보 방향도 관리 중심에서 프로세스 중심으로 바꿨다. 이제는 모집을 학교에만 맡기지 않고 국가 중심의 공고나 중앙 매체를 통해서도 해야 한다. 그러면서 '인재 육성에 정부 지원이 계속 되고 있다'라는 인식을 강화시킬 필요가 있다.

▶ 청중: 일·학습 병행제에서 현장 교사의 중요성에 대해 알고 싶다.

▶ 윤석호: 극단적으로 말씀을 드리면 일·학습 병행제의 성공 여부는 현장 교사에게 달려있다. 그래서 현장 교사의 마인드가 굉장히 중요하다. 그러면서도 그들의 역량 강화를 위한 노력이 현재 미비한 상황은 조금 아픈 부분이다. 현재 돈을 주는 재정적 지원만 하고 있지만 콘텐츠를 체계적으로 가르치고 소비자 중심의 공급 구조로 바꿔나가겠다.

## 03

## 벤처로
## 시작하라

이준석(한국발명진흥회 상근부회장) 외

한 여론조사에서 고등학생의 진로 희망 1순위가 공무원, 2순위가 건물 주라는 결과가 나왔다. 흥미, 가치, 적성보다 안정성, 소득이 진로 선택의 우선순위가 된 것이다. 또한 꿈꾸는 것을 포기하는 청소년도 늘고 있다. 대안이 미미한 청년 실업문제, 4차 산업혁명으로 인한 직업 세계의 변화는 젊은이들에게 기대보다 두려움을 더욱 느끼게 만든다.

삶에서 직면하는 다양한 문제의 해결과 관련해 기업가정신 교육이 대안으로 제시되고 있다. 일자리 창출과 확산에 기여한다는 창업에 대한 목소리도 높다. 그러나 국가적 관심과 지원에도 불구하고 우리나라의 기업가정신과 창업에 대한 인식은 여전히 저조하다. 기업인에 대한 호감도는 OECD 국가 중 최하위이며 아이디어 가치에 대한 평가는 높으나 이를 사업화하는 것에 대해서는 부정적이다. 혁신형 창업보다 요식업 등 사업 지속력이 낮은 생계형 창업 위주이다 보니 사업 지속력이 낮아 실패에 대한 두려움으로 본인은 물론 타인의 창업도 말리는 상황이다.

이러한 분위기에서도 세상의 문제를 자신만의 방법으로 풀어가며 가치를 창조하는 사람들이 있다. 명문대 입학, 대기업 취업을 위한 스펙 쌓기 등 작금의 성공방식을 따르지 않고 스타트업을 선택하여 무모한 도전을 시도하는 벤처 기업인들이 그들이다.

▶ **조벽(HD행복연구소 공동소장):** 실제로 꿈을 꾸고 도전하고 창의력을 발휘하는 분들이 지금 말씀을 할 시간이다. 이준석 한국발명진흥회 상근부회장, 버즈 파머 STC 오스트레일리아 대표, 이동형 피플스노우 협동조합 이사장, 이현세 리얼햅틱스 공동 창립자이자 대표 등이 그 주인공인데 주제가 주제인 만큼 청중도 다른 강연 때보다 젊은 것 같다. 오늘 오신 청중이 우리의 미래라고 생각한다. 이번 주제는 정말 시의적절하다고 본다. 현재 한국은 경제적으로 어려움이 많다. 특히 청년 실업이 심각하다. 물론 한국에만 국한된 문제가 아니라 전 세계적인 문제이기도 하다. 그래서 이번 주제가 더욱 필요하다는 것을 느낀다.

처음으로 강연해주실 이준석 부회장은 경력만으로도 화려하다. 연세대학교에서 법학과 정치학을, 서울대에서 공공행정학위를 취득한 후에 하버드 법대에 진학했다. 그리고 워싱턴 법대에서 박사학위를 취득하셨다. 한국의 지적재산권과 관련된 기관인 키포에서도 일하셨다. 30년 가까이 지적재산권과 관련된 정책을 펼쳤다. 창의성을 장려하는 여러 가지 정책이다. 최근에 한국발명진흥회로 자리를 옮기셨다. 그동안 다양한 자리에서 창의력을 강조하셨다.

## ● 강연 ●
# 4차 산업혁명 선점의 키는 인재다

**이준석(한국발명진흥회 상근부회장)**

언론을 통해 접했겠지만 2016년 1월에 열린 다보스포럼의 주제는 4차 산업혁명과 관련된 것이었다. '4차 산업혁명'이라고 많이 들어봤겠지만 4차 산업혁명은 IT로 대변되는 3차 산업혁명을 기반으로 해서 여러 디지털, 물리학, 바이오 등이 온·오프라인으로 합쳐지는 기술 혁명을 말한다. 요즘 많이 듣는 사물인터넷, 가상현실, 빅 데이터, 인공지능이 다 연관되어 있다.

이세돌 9단이 알파고와 바둑을 둔 이야기 덕분에 인공지능에 대해 관심이 많아졌다. 이미 그 전부터 인공지능에 대한 논의는 활발했다. 2011년 미국에서 아주 유명한 퀴즈대회에서 74회 연속 우승을 차지한 퀴즈 챔피언이 IBM이 개발한 인공지능인 왓슨과 대결을 펼쳤다. 그런데 퀴즈 챔피언이 참패했다.

"창의력을 가진 인재가 미래를 바꾼다."

인공지능에 대한 관심은 1970년대부터 시작되었다. 하지만 어느 정도 이상 올라가다가 정체가 되자 '이거 이상은 안 된다' 라는 실망으로 불이 확 꺼졌다. 그러다가 2000년대 들어서 2차 붐이 시작됐다. IT혁명과 함께. 물론 인공지능의 한계를 느끼고 사람들의 관심이 꺼지는 상황이 또 나타났다. 그런데 몇 년 사이에 왓슨, 알파고의 등장으로 분위기가 획기적으로 바뀌었다. 빅 데이터가 쌓이고 용량이 확 커졌으며 학습에 대한 새로운 알고리즘 등의 영향이 컸다. 특히 딥 러닝(Deep Learning)을 통해 인간이 컴퓨터에게 학습을 일일이 시키지 않아도 컴퓨터 스스로가 학습하게 된 것이다.

알파고도 딥 러닝으로 학습했다고 알려졌다. 알파고는 바둑을 둘 줄 모른다. 이렇게 해서 이긴다는 것을 가르치지 않고 바둑의 기본인기보(棋譜) 몇 백만 개를 집중적으로 학습시켰다. 그러면서 알파고는 돌이 이렇게 움직이면 이렇게 한다는 것을 스스로 깨우쳤다. 획기적인 방법인 것이다.

인공지능은 병원에도 도입이 되었다. 어떤 환자의 상황을 보고 그동안 쌓인 데이터로 치료방법을 제시한다. 검사만 하면 인공지능이 판단하고 의사가 검증하는 식의 협업이 이뤄지고 있다. 앞으로는 처방, 수술까지도 로봇이 시행하는 시대가 될 것이다.

인공지능이 작곡까지 하고 그림도 그린다. 모든 생활 곳곳에 인공지능이 들어오고 있는 것이다. 아까 이야기한 다보스포럼에서는 인공지능이 앞으로 5년간 700만 개의 일자리를 없앨 것이라고 예측했다. 인공지능에 의해 앞으로 200만 개의 일자리가 생긴다고도 했으니 결과적으로 500만 개가 없어지는 것이다. 상당히 큰 문제다. 일자리가 많이 부족한 상황에서 직업 자체가 없어지기 때문이다. 앞으로 우리가 어떤 분야의 미래에 투자해야 하는지 어려운 문제에 봉착하게 됐다.

인공지능의 미래가 어디까지 갈 것인지, 인공지능이 인류를 편하게 할 것인지, 고도의 인공지능이 나오면 인류가 멸망할 것인지 등에 대한 논의가 활발한데 아직은 먼 미래의 이야기다.

과연 인공지능이 발명을 할 수 있을까? 답은 예상했겠지만 발명은 할 수 없다. 개인적인 의견이 아니라 여러 사람의 이야기를 종합해서 결론을 내린 것이다. 인공지능은 발명이라는 창의적인 활동은 하지 못한다. 데이터를 주고 문제를 해결하라고 하면 할 수 있겠지만 발명은 단순히 그렇게 하지 못한다. 발명은 문제에 대한 인식부터 출발한다. 어디에 문제가 있는지를 보고 개선해야 한다는 인식에서 출발하는 것이 발명인데 인공지능은 그것을 하지 못한다. 발명은 창조적이고 기존에 없던 것을 만들어내는 일이며 학습의 영역을 뛰어넘는다.

결론적으로 인공지능은 논리적 연산이나 분석 같은 과학에 관련되는 것은 인간 이상으로 해내지만 창의력, 상상력 같은 부분에 있어서는 그만큼 능력을 발휘할 수 없다는 것이 지금까지의 연구 결과다. 감히 인공지능은 발명을 할 수 없다고 이야기하겠다. 다보스포럼 이후 여러 학자가 4차 산업혁명의 선점은 창의적인 인재가 어느 국가에 많이 있느냐에 달렸다고 한다. 여기 모인 젊은 사람들이 한 나라를 짊어지고 나아갈 인재가 될 것이다. 열심히 나아가면 좋은 미래가 열릴 것이라고 확신한다.

미국의 경제학자 조지프 슘페터는 자본주의사회가 망하지 않고 살아남는 이유는 질적인 성장이 이뤄지기 때문이라고 했다. 질적인 성장은 창조적 파괴로 이뤄진다. 마차로 가다가 기차로 가는 것은 창조적 파괴다. 그것이 발명이다. 여기에 기업가정신이 더해지면 경제 발전의 원동력이 된다.

토머스 에디슨, 스티브 잡스, 엘론 머스크 등은 발명가라는 공통점이 있다. 로켓 발사는 미국 NASA나 하는 것으로 알았는데 개인도 할 수 있다는 것을 엘론 머스크가 보여줬다. 보통 떨어져 나가는 로켓의 1, 2단 추진체를 NASA는 버리는데 엘론 머스크는 재활용할 수도 있다는 생각에 또 다른 결과물을 만들었다. 앞으로 지구가 상당히

오염되고 살기 어려워지면 모든 사람을 화성으로 이전시키겠다는 꿈을 꾸고 로켓을 개발 중이다. 원대한 꿈을 꾸고 도전, 창조를 하고 있는 것이다. 에디슨도 인류를 위해 발명하는 꿈을 꾸고 현실로 이뤄냈다. 여러분도 이런 사람이 될 것이라고 믿는다.

앞으로 4차 산업혁명을 이끌어갈 인재는 여러분과 같은 창의력을 가진 인재들이다. 계속 창의력을 키우고 새로운 발명품을 만들면서 세계를 변화시키는 큰일을 하길 바란다.

● 강연 ●
## 기업가정신의 본질을 파악하라

**버즈 파머(STC 오스트레일리아 대표)**

STC는 메드 테크(Med Tech) 분야의 창업을 돕고 있다. 진단, AI 등의 기술이 적용되는 분야다.

이번 자리에서 기업가정신, 혁신, 창업을 이야기하려고 한다. 기업가정신의 본질은 무엇일까? 차세대 기술 속에 어떤 의미가 있는지를 살펴보자. 내가 꿈을 현실로 만들지 않는다면 누군가 나를 고용해서 다른 사람의 꿈을 현실로 만드는데 사용할 것이다.

새로운 기술은 대부분 1인 기업이 개발한다. 1960년대에 초음파 기술이 개발됐다. 당시만 해도 미친 아이디어였다. 초음파를 사용해서 사람의 신체 내부를 살펴볼 수 있다고 누가 생각했을까? 1992년에는 멜버른에서 와이파이 기술이 개발됐다. 처음에는 말도 안 되는

"창업가는 해군이 아니라 해적이 돼야 한다."

이상한 아이디어였다. 당시에는 컴퓨터가 선 없이 소통하는 것을 상상할 수 있었을까? 하지만 지금은 당연한 기술로 인식되고 있다. 앞으로 20년 후에는 어떤 기술을 당연하게 생각하고 있을까? 기술이 가져올 엄청난 변화가 기대된다.

기업가정신은 결국 용기를 요구한다. 호기심을 추구하다 보면 다칠 수 있다. 그렇지만 꿈이 있다면, 하려는 마음이 있다면 위험을 감수할 수 있는 용기가 큰 자극제가 될 것이다.

기업가정신은 산을 오르는 것과 같다. 산을 오를 때는 먼저 날씨를 확인한다. 여기서 날씨는 시장 상황이다. 시장에서 가능성이 있는지, 성장의 여지가 있는지를 확인한다. 이때 혼자 오르는 것보다 누군가와 함께 오르는 것이 좋다. 여정을 함께 할 공동 창업자가 필요한 것이다. 마지막으로 식량과 물이 필요하다. 바로 자본이다.

산 중간에서 날씨가 달라지거나 물, 식량이 떨어질 수 있다. 이때 속도를 조절할지, 하산할지를 결정해야 한다. 어려움을 이겨내고 정상에 오르면 사람들의 엄청난 호응을 느낄 것이다.

기업가들을 해적이라고도 한다. 반면 조직에 있으면서 규칙을 따르고 매일 같은 업무를 하는 사람들은 해군이라고 한다. 해적은 규칙을 깨뜨린다. 스티브 잡스 등은 규칙, 규범을 깨뜨린 대표적인 사람이다. 현상을 바꾸고 미래 기술이 어떻게 나아갈지를 생각하는 것이 바로 해적의 모습이다. 모두들 해적이 되길 바란다.

실패하더라도 어떤 교훈을 얻었는지를 생각해야 한다. 14개의 기업에 투자했다가 실패한 적이 있다. 이 실패를 통해 '핵심은 사람'이라는 교훈을 얻었다. 누구와 함께 일하고, 누구와 연결되는지가 관심사인 것이다. 꿈을 실현하고자 한다면 인간관계, 네트워킹을 처음부터 고려해야 한다. 항상 같은 사람하고만 이야기하면 발전이 없다. 앞으로는 인맥의 범위를 넓게 열어둬야 한다.

찰스 다윈은 "변화에 가장 잘 적응하는 자가 생존한다"라고 했다. 담대하고 과감한 마음자세를 갖고 나아가길 바란다. 혁신은 미래의 방식이다. 앞으로 창업을 어떻게 할 것인지에 대해 조언을 드리고자 한다.

우선 큰 아이디어가 있어야 한다. 새로운 기술을 개발하려고 한다면 시장에 있는 것보다 10배 좋은 아이디어가 있어야 한다. 아이디어가 좋은 것 같아도 막상 시장에 나가보면 그 이점이 3~4배로 줄어들기 때문이다.

테스트를 하고 사람을 모집한다. 팀을 구성하는 것이다. 창업에 실패한 사람들 70%는 팀을 제대로 구성하지 못해서 실패한다. '그냥 친해서 함께 한다'라고 하면 곤란하다. 각자 서로 다른 분야에 기여할 수 있는지, 적임자인지를 보여줘야 한다. 그런 다음에 자본을 확보한다. 도와줄 벤처투자사를 찾아내야 한다.

아이디어는 어디서 나올까? 지금도 여러 기업의 창업을 돕고 있지만 직접 뛰어난 아이디어를 내놓지는 않는다. 아이디어는 교육과정에서, 가족 또는 친구들과의 경험 등에서 떠오른다. 그리고 이 세상에 말도 안 되는 아이디어는 없다.

창업할 때는 3가지를 반드시 갖춰야 한다. 모든 벤처투자사가 보는 3가지이기도 하다. 지금까지 이야기한 것을 포함해서 말하겠다.

첫째, 좋은 팀을 구성해야 한다.

둘째, 팀 구성원들이 갖고 있는 강점, 장점, 그리고 시장의 크기 등이 어느 정도인지 확인한다. 기술분야의 경우에는 시장 크기가 10억 달러 정도 되는 것이 좋다. 글로벌 시장까지 고려하면서 개발한다. 국내 시장뿐만 아니라 세계 시장에서 어떻게 할 것인가를 생각하는 것이다.

셋째, 뛰어나고 혁신적인 상품이어야 한다. 아이폰처럼 사람들이 생각하지 못했던 새로운 제품이어야 한다.

좋은 공동 창업자를 만나 아이디어가 계속 진화하도록 해야 한다. 이 제품은 꼭 이 모습이어야 한다, 이 해결책이어야 한다 등의 경직

된 사고는 안 된다. 기술은 시장 상황에 따라 바뀌어야 한다. 어떻게 제품을 시장에 적용할 것인가를 고민하면서 비즈니스 플랜을 구축한다. 또한 경쟁사가 누구인지, 운영을 어떻게 할 것인지 등의 분석도 중요하다.

표준화된 비즈니스 모델을 보면 제품에 대한 기본적인 개념, 파트너, 시장 상황 등에 대한 이야기가 있는데 그중에서 가장 중요하게 말하는 것이 있다. 바로 '모든 제품은 결국 고객이 원하는 것이어야 한다' 이다. 고객이 원하는 것으로 돌아가야 한다. 철저한 시장 조사가 필요하다.

펀딩(funding) 문제에 반드시 부딪히게 되어 있다. 벤처기업의 경우 처음에는 그동안 저축한 돈을 투자한다. 그리고 가족, 친구에게 요청한다. 이외에도 엔젤 투자, 크라우드 펀딩, 킥스타트도 있다.

기업가가 되려면 리더십이라는 자질이 중요하다. 구성원을 이끌어야 하며 협상을 주도해야 한다. 리더십은 초반부터 기르는 것이 중요하다.

어디를 가나 리더가 중요하다. 특히 처음 시작하는 벤처기업에서는 리더의 역할이 그 어느 곳보다 막중하다.

리더는 보스와는 다르다. 보스처럼 지시만 하면 안 된다. 솔선수범하고 사람들을 이끌어야 한다. 보스는 두려움을 일으킨다면 리더는 자신감을 준다. 보스는 자신이 다 안다고 생각하지만 리더는 질문을 한다. 보스는 비난하지만, 리더는 잘못을 바로잡아준다.

리더는 항상 질문한다. 리더는 성공하는 데 필요한 사람들의 의견을 경청한다. 리더십의 자질은 집중, 자신감, 투명성, 혁신, 카리스마, 열린 사고, 결단력, 관대함 등이다. 가장 중요한 리더의 자질은 청렴함과 성실함이다. 개인적 이해보다 가치를 기반으로 생각하고 행동한다. 재정적 이익이 아니라 가치에 따라 결정하는 것이다. 정직함도 중요하다. 세상은 아무리 어려워도 진실을 말하는 사람을 존중한다. 정직함은 신뢰의 기반이다. 사실 창업을 할 때 신뢰가 필수이므로 항상 정직해야 한다.

다른 사람의 마음을 헤아려 줄 수 있어야 한다. 또한 팀원과 공감할 수 있어야 한다. 친절, 용서, 배려, 열정도 중요하다. 특히 사람들에게 열정을 보여줘야 한다. 투자 등을 위해 프레젠테이션을 할 때 열정을 통해 설득할 수 있다. 기업가, 글로벌 CEO가 가장 먼저 갖춰야 할 가치가 열정이라는 말도 있다. 팀원이 능력 이상으로 실력을 발휘할 수 있도록 해줘야 한다. 겸손은 누구에게나 중요한 자질이다. 실수하면 깨끗하게 인정하는 모습을 보여야 한다.

말로만 지시하지 말고 먼저 행동으로 보여줘야 뛰어난 리더다. 옮기라고 지시하는 것보다 스스로 옮기는 모습을 보여준다. 소통도 필수요소다. 벤치기업은 팀원, 투자자와 커뮤니케이션할 일이 많다. 솔직하고 열린 자세를 갖고 임한다.

창업을 한다면 멘토를 꼭 만들어라. 나는 5명의 멘토가 있다. 그 멘토는 내게 지시 대신 의견을 제시해준다.

# 창업하면서 배웠던 것들

**이동형(피플스노우 협동조합 이사장)**

창업을 한 계기는 다음과 같다. 회사생활 초반에 담당했던 업무가 인터넷이었다. 당시에 인터넷이 한국에 처음 들어왔고 보급되기 전이었다. 시간이 흘러 인터넷이 들어오면서 사람들은 연결되기 시작됐다. 훨씬 많은 정보를 공유할 수 있게 됐다. 기존의 가치가 10이었다면 인터넷으로 연결된 컴퓨터는 100 이상이 되었다. 폭발적으로 가치가 늘어난 것이다. 사람도 컴퓨터와 비슷하므로 서로 연결하면 혼자 있을 때보다 더 많은 가치를 만들 수 있겠다는 생각이 들었다. 그런 생각 끝에 창업을 결심했다. 그것도 가능하면 사이좋게 연결하고 싶었다. 그래서 싸이월드를 만들었다.

싸이월드 초반에는 자신에게 필요한 사람, 예를 들면 나보다 정보를 많이 가진 사람이나 돈이 많은 사람과 '일촌'을 맺을 줄 알았다. 인맥이란 원래 그런 것이니까. 그래서 처음에는 인맥 커뮤니티 콘셉트를 지향했다. 사람들에게 인맥을 형성하고 싶으면 싸이월드를 하라고 했다. 그런데 그것이 아니었다. 나중에 사업이 잘되지 않아서 그 이유를 계속 찾다보니 자신이 보기에 만만해 보이는 사람에게만 일촌을 맺는 것을 알게 되었다. 의도했던 것과 반대인 셈이다.

다시 고객을 찾았다. 실제로 사업을 시작하면 초반에 해야 할 일은 누가 고객인지 찾는 것이다. 자신에 대한 정보를 다른 사람에게 보여주는 것을 즐기는 사람을 고객으로 정하고 찾았다. 그 결과, 20

"인생은 퍼즐을 계속 맞추는 일이다."

대 여자로 정하게 되었다. 좀 더 들어가면 여대생이다. 남자는 싸이월드 고객이 아니었다. 왜냐하면 다른 사람에게 별로 관심이 없기 때문이다. 하지만 여자들은 작은 관심에도 민감하다. 이런 상황을 알게 되면서 싸이월드가 점점 나아졌다. 고객은 내가 가진 무언가로 설득하는 것이 아니다. 관찰하고 이해하면서 고객에게 배운다는 자세로 접근해야 한다.

싸이월드를 하면서 사이좋게 세상을 연결하려는 사람이 매우 많다는 것을 알게 되었다. 당시에 경쟁사는 세이클럽, 다음 카페, 아이러브 스쿨 등이 있었다. 우리보다 훨씬 더 잘하고 있었다. 처음에는 싫어했다. 경쟁사 때문에 계속 어려워졌기 때문이다. 하지만 나중에 깨달았다. 사업할 때 경쟁자가 있어야 한다고…. 대부분 경쟁자에게 배워서 할 때가 훨씬 효율적이었다.

경쟁사가 잘하는 것을 관찰하기 시작했다. 그리고 아이 러브 스쿨이 하는 시도, 프리챌의 마케팅을 따라하면서 배웠다. 마치 내가 경쟁자를 이겨야 성공한다고 생각하는데 사실 성패는 고객의 선택에 달려 있다. 경쟁자는 내가 배울 수 있는 대상이지 이겨야 하는 대상이 아니다.

싸이월드 이름 자체가 사이좋은 세상을 의미한다. 전 세계 모든 사람을 하나의 네트워크로 묶는 비전을 갖고 있어서 '월드'를 붙였다. 미국의 부시 대통령과 북한의 김정일 위원장이 서로 일촌이 되는 것이 꿈이었다. 하지만 세상 모든 사람을 끌어들이려고 하다 보니 많이 벅찼다. 비전이 큰 것은 괜찮은데 실현 가능하지 않은 비전만 있으면 점점 힘들어진다.

사업에서 아이디어는 씨앗과 같다. 많은 사람이 씨앗을 논에 뿌리기만 하면 가을에 황금벌판이 될 것이라고 생각한다. 그래서 되도록 넓은 땅에 뿌리려고 한다. 그런데 실제로 논에 뿌린다고 다 벼로 자라지 않는다. 사업도 마찬가지다. 처음에는 작은 모판을 만들어 거기에 씨를 뿌린다. 모판 정도에 맞을 정도로 자랄 때까지는 밖에 뿌리지 않는다. 어느 정도 키운 다음에 품앗이라고 해서 다른 노동자를 고용하거나 투자를 받아 경운기를 돌려야 한다. 사업은 모판을 만드는 일이다. 제대로 된 모판을 만드는 것이 필요하다고 생각한다.

'세상을 살아간다'는 한마디로 퍼즐을 계속 맞추는 일이라고 생각한다. 초등학교 1학년 때 담임선생님이 토끼를 잘 그린다는 말에 미술부에 들어갔다. 고등학교 때까지 미술부에 있었는데 당시 그림을 잘 그리는 선생님이 와서 말하셨다. 재능이 없으니 그림을 그리지 말라고, 이 정도로는 대학을 못 간다고…. 그래서 바로 접었다. 실제로 오랫동안 그림을 그렸는데도 불구하고 입상 외에는 상을 받은 적이 없었다. 포기할 때는 가슴이 아팠다.

대학에서는 유전공학을 전공했다. 텔레비전에 나온 코끼리 정도의 돼지를 만드는 실험이 재미있게 보여서 유전공학과에 들어갔다. 그런데 박테리아 같이 작은 것만 계속 봤다. 매일 실험실에서 설거지하는 것도 싫어서 놀기만 했다.

4학년이 돼서야 앞으로 무엇을 해야 할지 고민하다가 엉뚱하게 대학가요제를 나가기로 했다. 친구와 기타를 배우고 작곡도 공부했다. 하지만 떨어졌다. 예선전에서 동상을 받는데 은상까지만 출전이 가능했다. 지나온 세월을 보니 대부분 하다 달고 하다 말고 그랬던 것 같다.

졸업하고 유전공학 관련 회사가 아니라 컴퓨터 회사에 들어갔다. 프로그래밍을 회사에서 배웠다. 25살에 키보드를 처음 만졌다. 키보드 치는 것을 배우는데 1년이 걸렸다. 다른 사람이 보면 내 커리어가 이상하다고 생각할 것이다.

싸이월드를 기획할 때는 퍼즐 조각을 상상하는 기분이었다. 미니홈피 콘셉트가 나오기 전까지 6번이나 망했다. 6번 하는 동안 새로운 퍼즐 조각이 생겼다고 생각한다. 어렸을 때부터 뭔가를 잘하지는 못했지만 최선을 다했기에 퍼즐 조각이 하나씩 있었다고 본다. 마흔

이 돼서야 그것이 완성됐다.

싸이월드에서는 그림, 음악 등을 팔아 돈을 벌었다. 어렸을 때 했던 일의 일부가 반영된 결과라고 생각한다. 나보다 어린 친구를 만나면 이렇게 말한다.

"뭐든지 열심히 해서 배우는 것이 중요하다. 이 길만이 내 길이라고 생각하지 않아야 한다."

어쨌든 조각을 서로 합치는 시기가 온다. 싸이월드는 그런 경험이 조각처럼 붙어서 만들어진 결과물이다.

살면서 주어진 일에 대해서는 무조건 최선을 다해야 한다. 대충하면 조각이 생기지 않는다. 시간 낭비란, 조각이 없는 시간을 보내는 것이다. 요즘에는 피플스노우라는 협동조합을 만들어서 창업하러 다닌다.

우리는 모두 바둑의 까만 돌이다. 바둑판 어디에 둬야 잡히지 않고 살 수 있는지 계산해야 한다. 처음에 바둑을 둘 때, 즉 창업할 때는 요즘에 비하면 바둑판이 허허벌판이라서 놓기 쉬웠다. 이제는 놓기가 힘들다. 만일 내게 어디에 둘 것이냐고 물으면 지금 바둑판은 복잡하니까 바둑판 밖에 두라고 할 것이다. 죽으라는 말로 들릴 수 있겠다. 실제로 회사를 그만두고 창업할 때 기분이 마치 바둑판 밖에 돌을 놓는 것 같았다. 하지만 걱정할 필요는 없다. 밖에도 보이지 않는 선이 있으니까.

사람들은 바둑판만 보며 살기 때문에 회사를 그만두면 굶어죽는 줄 안다. 하지만 세상에는 보이지 않는 선(기회)이 의외로 많다. 여러

분이 놓아야 할 자리가 지금은 보이지 않을 수 있다. 그렇다고 해도 뭐든지 열심히 집중해야 한다는 것은 잊지 말아야 한다.

내가 지금 협동조합을 하는 이유는 다음과 같다. 창업을 한 다음에 세상이 살기 좋아졌는지 스스로 물어봤다. 싸이월드를 경영할 때 사이좋은 사람이 없다면서 퇴사한 직원도 있었다. 그때 제일 큰 충격을 받았다. 시간이 지난 지금, 협동조합처럼 새로운 방식의 회사가 사이좋은 세상을 만드는 데 기여할 수 있겠다는 생각이 들어 도전 중이다.

● 강연 ●

## 뜨거운 용기와 끈기가 무기다

### 이현세 (리얼햅틱스 대표)

고등학교 2학년 학생이다. 현재 시드 펀드(Seed Fund)를 조성했고 여러 가지 정부 주도의 프로젝트를 하고 있다. 6개월 전에 법인을 등록했는데 5,000달러로 시작했다. 햅틱스(Haptics) 프로젝트는 놀라운 경험이었다고 생각한다. 그동안 용기와 끈기, 상상력을 기준으로 작은 실험을 했다. 어떻게 하면 용기와 끈기를 갖고 창의력을 작은 실천으로 이어지게 할 것인지에 대해 이야기하고자 한다.

최초 사무실은 화장실이었다. 기숙사에서 살았기 때문에 밤새 일하려면 화장실밖에 없었다. 그리고 쓰레기를 버리기 전에 반드시 쓰레기를 다시 본다. 최초의 벤처기업 경험은 CCE라는 프로그램이었

"창의력을 위한 작은 실천이 중요하다."

는데 홍보지를 쓰레기통에서 찾았기 때문이다.

　우선 용기에 대해 이야기하겠다. 어릴 때부터 기술을 좋아했고 멋진 제품을 보면 설계한 사람은 얼마나 좋을지 생각했다.

　창업하고 나서는 나만 다른 길을 가려고 하는 것은 아닌가를 고민했다. 그때 창의적인 기업가를 위한 센터는 필요한 것을 제공해줬다. 용기를 갖고 내 모험가의 정신을 실천할 수 있었다. 큰 걸음보다 작은 걸음으로 생각을 실현시켜 나갔고 내 나름의 방식으로 미래를 건설했다. 그동안 작은 걸음들이 얼마나 중요했는지를 느낄 수 있었다.

　끈기도 창업에 필요하다. 넘어야 하는 장애물이 참 많다. 밤도 많이 새웠다. 막중한 책임감을 느끼는 끈기가 필요하다.

　경영 기술만 있다고 되는 것이 아니다. 많은 실패 앞에서도 용기와 끈기를 가질 수 있는지가 중요하다. 변기에 앉아서 사업계획서를 썼다. 기숙사에는 소등시간이 있었기 때문이다.

어릴 때에는 기술을 좋아했고 벤처 CEO가 꿈이었는데 요즘은 더 큰 꿈을 꾸고 있다. 가까운 미래에는 창의성을 갖고 있는 기업가들을 돕고 싶다. 작은 실행을 할 때 용기, 끈기를 가질 수 있도록 말이다.

우리나라 청소년들은 뛰어난 잠재력을 갖고 있다고 생각한다. 무료 플랫폼을 만들어서 청소년들이 상상력을 현실로 쉽게 만들 수 있도록 돕고 싶다. 작은 실행으로 이어지게 하는 플랫폼이다. 물론 시간이 오래 걸릴 것이다. 불가능할 수도 있지만 포기하지 않고 계속 도전할 계획이다.

▶ **청중:** 인공지능 기술이 발전하면서 일자리가 줄었든다고 했는데 만약 기술이 개발
될수록 일자리가 줄어들면 기술 개발을 멈춰야 하는 것은 아닌가?

▶ **이준석:** 앞으로 5년 동안 인공지능 기술에 의해 일자리 700만 개가 줄어들지만
200만 개는 새로 생긴다고 했다. 어차피 경쟁사회다. 미래를 제대로 예측해서 변화
의 물결을 타는 것이 중요하다. 인공지능만 보면 직업이 늘거나 주는 것 같지만 인
공지능 발전의 영향으로 다른 분야에서 새로운 직업군이 나올 수 있다.
큰 흐름에서 인공지능이 이러한 방향으로 가고 있기 때문에 창의, 발명 쪽에 고민
하는 사람이 많은 것으로 있다. 해당 분야를 향해 계속 꿈을 꾸고 열심히 노력한다
면 인공지능이 많이 발전한 사회에서도 희망이 있다고 본다.

▶ **이동형:** 옛날에는 노동을 하기 위해 노예가 있었다. 그런데 기계가 발전하면서 노예
가 없어졌다. 실제로는 노예가 일자리를 잃은 것이다. 자동차가 나오면서 마부가 일
자리를 잃었다. 새로운 기술이 나오면 어떤 사람이 하는 일은 없어진다. 창업은 새
로운 일을 만들기도 하지만 없애기도 한다. 그런데 새로운 일이 만들어지는 이유는
사람을 위해서다. 인공지능은 사람의 일을 적게 만들 수는 있어도 빼앗지는 않을
것이다.

▶ **청중:** 사업에 실패하면 어떻게 다시 일어설 수 있을까? 특히 부채가 너무 많이 쌓

였다면 어떻게 해야 하는가?

▶ 버즈 파머: 실패는 기업 활동에 있어서 피할 수 없는 부분이다. 한 벤처기업에 투자했다가 600만 달러를 잃었던 적도 있다. 재기를 하기 위해서는 시간이 걸릴 것이다. 그 과정에서 우리가 교훈을 얻을 수밖에 없다.

사실 돈을 잃으면 매우 어려워진다. 나도 그런 상황에 처해봤기 때문에 잘 안다. 실제로 벤처기업의 경우 10건 중 1건만 성공한다. 그 1건의 성공을 통해 실패를 만회하는 것이다. 개인적인 손실이 크면 상실감이 더 클 수밖에 없다. 그런 경우에는 한 걸음 물러서서 숨을 돌리고 같은 실수를 반복하지 않도록 해야 한다. 물론 어려운 행동이다. 하지만 자신을 믿고 다시 재기할 수 있도록 하는 것이 매우 중요하다. 그렇게 하면 얼마든지 재기가 가능하다. 주위에 올바른 사람만 있으면 얼마든지 가능하다.

▶ 이준석: 사회가 실패를 어떻게 보는지가 상당히 중요하다. 미국의 한 벤처투자회사는 벤처기업 대표가 그동안 몇 번이나 실패했는지를 중요하게 본다. 실패를 통해 많은 걸 배웠기 때문에 이번에는 실패하지 않을 것이라는 믿음이 있다는 것이다. 하지만 한국에서는 낙인이 찍힌다. 뭘 해도 안 되는 사람으로 모는 분위기가 심한 것 같다. 개인으로 해결하기 힘들기 때문에 정부나 시스템적으로 실패를 용인하는 문화가 만들어져야 한다. 현재 정부에서도 그런 분위기를 만들기 위해 노력 중이고 앞으로 사회적 분위기가 실패를 용인하는 문화로 바뀔 것으로 기대한다.

▶ 청중: 스타트업을 빨리 할수록 좋다는 의견이 있고 경험을 쌓은 다음에 하라는 의견이 있다. 언제 하는 것이 적절한가?

▶ 이동형: 사람들 대부분은 창업자들이 불확실성에 도전한다고 생각한다. 하지만 자세히 보면 창업자는 불확실성에 도전하지 않는다. 나는 확실한데 다른 사람은 불확실하다고 생각하는 것에 도전하는 것이다.

도박사는 다른 사람도 불확실하고 자신도 불확실한 상황에 도전하는 것이고 사기꾼은 불확실한 상황에서 나쁜 일에 도전하는 것이다. 하지만 창업자는 절대로 불확실한 것에 도전하면 안 된다. 계속 배우고 깨우쳐서 다른 사람보다 더 나은 경쟁력이 있을 때 집중해야 한다. 경험이 많지 않으면 작은 일에 도전한다. 처음부터 페이스북에 도전하지 말고 더 작은 것에 도전하라는 말이다. 자기가 잘할 수 있는 것을 찾으면서 점점 더 큰일에 도전하는 것이 맞다.

▶ 청중: 페이스북 이야기가 나와서 하는 질문인데 싸이월드와 페이스북의 차이는 무엇인가? 그리고 어떤 차이점 때문에 페이스북은 큰 성공을 거두었나?

▶ 이동형: 간단하게 답해줄 수 있다. 싸이월드가 진화된 것이 페이스북이다. 페이스북은 싸이월드와는 다른 서비스다. 보통 싸이월드에 들어가면 미니 홈피의 오늘 방문자를 본다. 오늘 내 미니 홈피에 몇 명이나 왔나를 보는 것이다. 그 기분에 도토리도 사는 것이다. 많은 사람이 내 미니 홈피에 방문하기를 바란다. 싸이월드는 다른 사람이 내게 방문(visit)하는 개념이다.
페이스북에는 그런 방문자 숫자가 없다. 페이스북은 피드(feed), 즉 내가 친구들에게 보내는 것이다. 비지트(visit)시대에서 피드시대로 도구가 진화한 것이다. 마차가 자동차로 진화한 것이라고 보면 된다. 지금도 마차를 타고 싶은 사람이 있다. 싸이월드도 나름대로 가치가 있어서 그것을 좋아하는 사람이 많았다. 싸이월드 자체의 문제로 싸이월드가 어려움을 겪은 것은 아니다.

▶ 청중: 버즈 파머 대표는 공동 창업자가 있어야 한다고 말했다. 파트너십이 중요하다는 이야기인데 좋은 파트너는 과연 누굴까?

▶ 버즈 파머: 우선 내가 가진 것이 무엇인지 제대로 파악하는 것이 중요하다. 만일 내가 기술적인 부분을 맡는다면 경영이나 영업에 대해 실력을 가진 사람이 파트너로 필요하다. 내가 만들려는 제품의 특징에 따라 다르기도 한다.
공동 창업자에게는 서로 다른 강점이 필요하다. 내가 갖지 못한 것을 보완해주는 사람이 필요한 것이다. 처음에는 한두 명 또는 서너 명으로 시작한다. 기존의 인맥 범위를 벗어나 네트워크를 통해 찾아야 한다. 냉정하게 자신이 무엇을 잘하는지, 못하는지를 파악하고 단점을 보완해줄 사람이 누구인지를 알아야 좋은 파트너를 찾을 수 있다.

CREATIVE

## 04

—

# 열혈 청년들의
# 맨손 창업 도전기

|

**김봉진**(우아한 형제들 대표) 외

평범한 사람들이 이뤄낸 비범한 인생 홈런 스토리는 실패와 좌절에 빠진 이들에게 많은 영감과 도전의식을 불어 넣는다. 스타트업 청년 CEO들이 허심탄회하게 털어놓은 파란만장한 인생 역전 이야기, 성공과 실패담, 인생의 가치관과 목적 의식은 소탈하고 현실적이기에 더욱 감동적이고 귀중할 것이다.

비록 굴지의 대기업 총수나 유명한 CEO들처럼 스포트라이트를 받은 적은 없지만 가슴 따뜻한 그들의 맨손 창업 도전기는 힘든 불황의 시대, 취업 혹은 창업을 준비하는 젊은이들이 직접 벤치마킹하고 따를 수 있는 구체적이고 현실적인 매뉴얼이 될 것이다.

▶ 임원기(한국경제신문 기자): 창업을 한 이유가 궁금하다.

▶ 김봉진(우아한 형제들 대표): 왜 시작했는지 설명하기 어려운 부분이 많다. 문제의식을 갖고 시장을 보다가 해결하기 위해서 한 것이냐고 묻는다면 솔직히 그건 아니었다. 장난스러운 생각으로 시작했다. 아이폰이 처음 들어올 때 이런 서비스 있었으면 좋겠다는 생각에 가볍게 만든 것이다.

당시에 고등학생이 만든 서울버스 같은 앱들이 있었다. 배달의민족도 그중 하나였다. 앱을 만들어서 앱 스토어에 올려놓은 것이지 창업이라고 생각하지 않았다. 네이버 디자이너로 일하고 있다가 한참 뒤에서야 투자자들이 투자를 하겠다는 바람에 법인을 만들게 되면서 창업이 된 케이스다. 특이한 케이스라고 생각한다. 회사를 만든다는 것보다 브랜드를 만들고 싶었다. 디자이너로서 나만의 브랜드를 만들고 싶다는 것이 강했다.

배달도 브랜드 관점에서 접근하고 싶었다. 지금 배달의 민족은 이상한 광고도 하고 아트프로젝트도 한다. 성공한 브랜드는 그 기업이 성공해야지만 가능하다. 브랜드만 성공하고 회사는 실패하면 브랜드도 실패한 케이스다. 브랜드를 성공시키기 위해서는 사업을 잘해야 한다. 대부분 사업을 잘하기 위해서 디자인을 이용하지만 우리는 브랜드를 잘 만들기 위해서 사업을 하고 있다.

창업을 한 다음에야 내가 음식에 대해, 이 시장의 문제점에 대해 진지하게 고민하고 있는지 생각했다. 일본에 츠타야 서점이 있다. 그 서점 대표의 책에 관련된 문화, 독서 문화가 츠타야 서점을 통해 디자인되었다는 말을 듣고 감명을 받았다.

IT 기술이 발전하면서 많은 분야가 함께 발전하는 데 전자상거래(이커머스)도 그중 하나다. 지마켓, 옥션, 쿠팡, 아마존, 알리바바 등은 계속 진화 중이다. 처음에는 책 등으로 시작하다가 점점 상품을 늘렸는데 그다음 단계가 음식 유통으로 생각된다. 음식이 온라인으로 유통되면 세상이 더 좋아지지 않을까? 거기에 집중하고 있다.

▶ **박수근(NBT 대표):** NBT의 창업도 일반적이지 않았다. NBT는 대한민국에서 가장 빨리 성장한 테크 스타트업이다. 나는 기술이나 디자인을 전공하지 않았다. 경영을 전공했다.

창업 계기가 막연한데 10년 전에 전공을 선택할 때 어떤 결정을 해야 하는지 고민했다. 네이버, 다음, 구글, 아마존 등의 대기업과 스타트업들이 스포트라이트를 받았던 시절이었고 어린 마음에는 멋있어 보였다. 그런 것을 해보고 싶어서 막연하게 경영학을 선택했다. 또 운이 좋게도 대학시절에 알게 된 선배와 스타트업을 해볼 기회가 생겼다. 4명이 전부인 작은 스타트업이었는데 결과적으로는 잘되지 않았다.

다시 학교로 돌아갔는데 스타트업을 실패하면서 느낀 것이 2가지였다. 첫째, 스타트업은 정말 멋있고 해보고 싶은 일이라는 것이다. 세상의 유의미한 변화를 만들 수 있고 그 과정에서 개개인도 행복할 수 있겠다는 생각이 들었다. 둘째, 웬만하면 다 망한다는 것이다. 특히 주먹구구로 하면 다 망한다. 기술과 아이디어도 중요하지만 실제 제품으로 만들고 시장에서 유지하기 위해 수익화를 하는 것이 정말 중요하고 어렵다는 걸 깨달았다.

사실 그 이후에 창업을 하고 싶었는데 겁이 나서 하지 못했다. 그래서 컨설팅회사에 들어갔다. 클라이언트인 대기업에 가서 굵직한 전략 프로젝트나 해외 진출 프로젝트를 2~3개월 동안 진행했다. 2년 반 정도 일했는데 일도 재밌었고 사회 초년생으로서는 연봉도 많이 받았다. 하지만 계속 가슴 한구석에 먹먹한 느낌이 있었다. 왜 이렇게 먹먹하지 고민해봤는데….

주변에 역량과 열정이 뛰어난 개개인들이 일하다가도 결과적으로 실패하는 것을 많이 봤다. 개개인이 원하는 유의미한 변화를 만들지 못하고 그 과정에서 행복하지 못했다. 문득 개인의 문제가 아니라 구조적이고 시스템적인 문제라는 생각이 들었다. 이미 만들어진 시장 구조, 고착화가 되어 있는 기업 문화 등으로 인해 개인의 한계가 존재하는 것이다. 만들어진 것이 아니라 도전이 가능한 넥스트 빅 싱(NEXT BIG THING)을 만들고 싶다는 막연한 생각으로 다 그만두고 창업했다.

초기 멤버 4명이 다 회사를 다니고 있는 상황에서 앞으로 무엇을 할지는 모르겠지만 창업을 해보자고 해서 회사를 만들게 되었다. 적어도 5~10년은 모바일에서 뭔가 나올 것이라고 판단했다. 모바일로 어떤 문제를 해결할 수 있을지 고민하다가 모바일에서 새로운 형태의 미디어가 필요하지 않을까 생각했다.

1990년대까지만 해도 〈조선일보〉, 〈중앙일보〉는 현관문을 열면 바로 앞에 있는 미디어였다. 2000년대부터는 컴퓨터를 켰을 때 네이버, 다음 같은 포털 미디어가 있었다. 그렇다면 이제는 모바일이 첫 화면인 미디어시대가 오지 않을까 생각했다. 그래서 새로운 형태의 미디어를 만드는 것이 목표였다. 지금은 200만이 넘는 유저들과 함께 하고 있다. 회사 구성원도 90명이 넘었다.

처음에는 옥탑방에 4명이 모여 있었는데 할 수 있는 것이 많지 않았다. 날카롭고 뾰족한 것부터 시작하자고 해서 나온 것이 '당신의 첫 화면을 저에게 빌려주시면 혜택을 돌려 드릴게요' 였다. 지금도 저희가 풀고자 했던 새로운 형태의 모바일 미디어를 만들기 위해 하나씩 서비스를 개선하고 있다. 예전에 컨설팅회사에 같이 있었던 친구들이 창업을 하니 어떠냐고 물으면 5배 정도 더 힘들지만 10배 정도 더 재미있다고 대답한다.

▶ **사라 리(글로우 레시피 대표):** 창업하기 전에는 한국에서 일을 하고 있었다. 12년 전에 로레알 코리아에서 인턴으로 시작했다. 일을 하면서 화장품에 대한 열정과 사랑을 느꼈다. 열심히 일한 결과, 본사로 발령을 받았다. 그때부터 마케팅, 제품 개발 등을 했는데 제품 개발 당시에 한국의 화장품 기술, 화장품 콘셉트를 벤치마킹하면서 영감을 많이 받았다. 나도 모르게 새 제품이 필요하면 한국 화장품부터 보게 되었다. 한국 사람으로서 자랑스럽기도 했다.

청중과 벤처 창업에 대해 이야기를 나누고 있다.

제품 개발팀 같은 경우는 3~5년 뒤 퓨처 프로젝트까지 예상해야 하는데 항상 미래에는 한국이 넘버원이었다. 글로벌 브랜드이지만 기술력이 좋은 제조업체라면 한국 화장품회사와 일할 것으로 봤다. 예를 들면 한국에서 비비크림이 유명했다. 미국에도 6년 전부터 센세이션 카테고리에 들어가 있는데 한국에서는 이미 10년 전부터 유행했다. 한국의 비비크림을 보고 미국에서는 많이 놀랐다. 간단한 제품이지만 피부 보정, 선 스크린, 메이크업 베이스가 다 되니 매우 기발했다. 제품 하나로 아예 없던 시장이 생겼다. 업계 사람들이 한국을 봐야 한다는 계기가 되었다. 화장품의 미래는 한국이라고 말하는 사람도 많았다.

한국으로 출장을 오면 명동, 가로수길 등에 가서 유명한 제품을 연구하기도 했다. 이렇게 몇 년을 지내면서 한국 기술이 외국 브랜드 안에 숨겨지는 바람에 외부에 잘 알려지지 않는다는 것을 보고 안타까움을 느꼈다. 그래서 기회를 살폈다. 회사 친구인 크리스틴 장과 함께 브레인 스토밍을 하다가 우리가 가져와서 소개하고 한국 브랜드를 알리는 역할을 하자는 결론을 내렸다. 외국 브랜드의 그림자에 가려져 있는 것이 아니라 코리아를 내세우자는 것이었다. 프로모션용 제품이 아니라 스토리 콘텐츠가 있고 질이 좋은 제품이라는 것을 자랑스럽게 알리자는 마음이 생겼다. 그래서 2014년 말에 글로우 레시피를 설립했다.

처음에는 이커머스(e-commerce)로 시작했다. 온라인으로 콘텐츠 등 여러 가지를 제공하면서 한국 브랜드를 대상으로 큐레이션 (curation)을 할 수 있는 편집 매장을 차린 것이다. 로레알 본사에서 느낀 미국시장에 대한 지식과 미국 소비자에 대한 이해도를 활용하여 콘셉트를 미국시장 위주로 하자고 결정했다.

한국에 규모가 있고 기술이 있는 화장품회사 위주로 브랜드 인큐베이션을 시작했다. 시장 조사를 하는 과정에서 느꼈던 게 미국 소비자들은 한국인과 피부가 다르니 맞지 않을 것이라고 생각하는 경향이 심했다. 그런 인식을 깨뜨리고자 대형 유통업체에 입점해 단순히 한국의 재미있는 특이한 브랜드가 아니라 미국의 다양한 인종 피부에 맞는 훌륭한 제품이라는 것을 강조했다.

브랜드 인큐베이션을 할 때 미국 현지화의 콘셉트부터 제품의 포지셔닝까지 360도로 봐주는 회사는 없었다. 우리에게는 한국 사람이면서 로레알 본사에서 일했다는 이점이 있었다. 미국 직원 1만 명 중 한국 사람은 우리 둘이었다. 한국말을 하고 문화를 알면서 미국 시장까지 이해하는 유일한 사람이었다. 거기에서 차별성을 봤다. 단순히 한국 화장품이 재미있다, 좋다고 하면 실패할 확률이 높았다. 미국 사람들은 피부에 대한 접근방식부터가 한국 사람하고 다르기 때문이다. 피부 관리를 우리처럼 열심히 하지 않는다. 시간이 없는데 대충 발라야지 하는 사람이 많다. 또한 피부 타입이나 톤도 다양하기 때문에 그런 부분을 재해석하지 않으면 장기적으로 갈 수 없다. 로레알 프랑스 제품을 미국 현지화하기 위해 작업했던 경험이 많은 도움이 됐다.

▶ 심여린(스터디맥스 대표): 남편과 공동 창업을 했다. 당시 남편과 나는 각자 나름 좋은 회사에서 일하고 있었다. 그때 MBA가 유행했었다. 영어 점수가 필요했는데 학원을 다니면 어느 정도 딸 수 있었다. 그 점수를 따고 나서 미국에 있는 학교를 여행해보고 싶었다. 한국에서는 영어 공부가 재미있었고 잘한다고 생각했는데 입국 심사 때 단순한 질문부터 말이 나오지 않았다. 생각해보니 CNN의 앵커나 미국 드라마에서 배우가 하는 영어만 들었지 실제 미국 사람들이 쓰는 영어를 들어본 적이 없었던 것이다. 제대로 된 미국 일반인들이 하는 말을 못 배웠던 것이다. 그런데 미국에서 미국 친구들도 만나고 생활하다 보니 짧은 기간이었는데도 불구하고 영어가 꽤 늘었다. 취업에 국한된 한국의 영어에 대한 심각한 문제를 느꼈다. 그래서 다양한 미국 사람의 영상을 찍어서 모바일 교육 콘텐츠로 만들면 도움이 되겠다는 생각이 들었다.

사실 부부가 벤처 동아리에 같이 있던 적도 있었다. 데이트를 할 때도 가게를 보며 생긴 이유, 망한 이유 등에 대해 많은 이야기를 나눴다.

처음에는 2명이 시작했지만 직원들이 늘어나면서 내 결정에 따라 회사가 크게 움직인다는 것에 책임감을 느꼈다.

회사 콘셉트가 출판과 강의로 국한된 기존의 교육업계 시각에서는 특이하다. 투자받을 때까지 마이너스 몇 억 원은 감수해야 했다. 제품이 나오기까지 정말 어렵게 만들었다. 벤처캐피털 10곳 이상이 다 거절했다. 처음에는 많은 사람이 필요할 것이라고 생각했기 때문에 투자 유치는 될 것이라고 생각했는데 너무나 놀랍게 아무 곳에서도 되지 않았다. 콘셉트가 좋고 잘될 것 같기는 한데 시장 반응은 모르겠다는 의견이 대부분이었다. 매출이 나면 투자를 해주겠다고 했는데 돈이 들어와야 매출이 나오지 않나…. 다행히 너무 좋은 지인을 만나서 투자를 받아 마케팅을 했고 첫해에 매출 40억 원을 달성했다. 그다음부터는 벤처캐피털들이 찾아왔다.

▶ 임원기: 창업 후에는 어떤 부분이 가장 힘들었는가?

▶ 김봉진: 힘든 일이 참 많다. 눈물 없이는 듣기 힘들다. 사실 배달의 민족이 두 번째 창업이다. 가구 디자인 관련 회사를 창업했다가 시원하게 말아먹고 전세금까지 다 날려서 가족과 어떻게 살아야 하는지 모를 정도로 힘들었다. 가구점을 접고 나서 소품을 팔아야 하는데 다 팔 수가 없었다. 그것을 다 사과박스에 담아 집에

2~3년 동안 됐다.

얼마 전에는 호기롭게 배달 수수료 0%를 선언했다. 매출의 30%를 날려도 해볼 수 있다고 생각했다. 전략팀과 연구했을 때도 괜찮다는 판단이 내려졌다. 하지만 현실은 달랐다. 0%가 되면 고객들이 배달의 민족을 더욱 사랑해주고 많이 써줄 것이라고 봤다. 3~4개월 정도 지나면 매출이 회복될 줄 알았는데 예상보다 늦게 움직였다. 2016년 1~2월에는 다음 달 월급을 어떻게 줘야 하는지 고민을 하던 시기였다. 내 호기로운 결정으로 350명 넘는 직원들이 어떻게 되는 것은 아닌지 걱정됐다. 일반적으로 아는 것과는 다르게 좋지 않은 뉴스거리가 되어도 매출은 오른다. 그래서 포기하기 어렵다. 다행히 잘 지나갔다. 매출은 정상화가 되었고 더욱 성장했다.

어려운 일이 있을 때 와이프와 이야기를 많이 나눈다. 힘들다고 하니까 그 나이가 되면 당연히 힘든 거라고 와이프가 말했다. 대기업을 다닌다고 해도 구조조정 때문에 힘들고, 식당을 차려도 힘들다는 것이다. 좌우명이 이번 고비가 지나면 다음 고비가 온다는 것이다. 고비를 받아들이고 극복하는 것이 중요하다.

▶ 사라 리: 한국 화장품이 좋다는 사실은 아시아에서는 많이 알려졌다. 한류의 영향도 크다. 하지만 미국은 그렇지 않다. 한류 스타가 알려진 것도 아니다. 또한 한국의 화장품회사 담당자들을 설득하는 것이 가장 힘들었다. 미국 시장의 잠재력에 대해 회의적

이었기 때문이다.

미국 같이 큰 시장에 런칭(launching)해주겠다면 고마워해야 하지 않느냐고 묻지만 실제 상황은 그렇지 못했다. 미국에 대해 아는 것이 없는데 무모한 도전이 아니냐는 피드백이 많았다. 스타트업이고 하니 증명할 시간도 부족했다. 어떻게 하든 브랜드 파트너가 있어야 시작할 수 있으니 고객 상담실에 전화해서 해외 영업팀 담당자를 바꿔달라고 했다. 그리고 무작정 찾아갔다.

미국이라고 하면 마음의 문을 닫는 경우가 많았다. 믿음이 있지 않은 사람의 마음을 돌린다는 것 자체가 힘들었다. 회사가 한국에 있으니 소주 한잔을 하면서 이야기할 수 있는 것도 아니었다. 관계를 우선 쌓아놓고 비즈니스 파트너에 대한 믿음을 키워나가는 것이 가장 중요하다고 생각했다. 처음 만날 때는 회의적이었지만 사람에 대해 믿음이 생기고 시너지를 이해하면 그다음부터는 더 많이 지원해줬다. 그렇게 되기까지 몇 달이라는 시간이 걸렸다.

외국인 직원이 많은데 외국인이라고 해서 한국 사람과 다르게 채용하지 않는다. 요즘은 대기업보다 스타트업을 선호하는 사람이 더 많아졌다. 스타트업은 모두의 관심사이며 개인적으로 자신의 강점을 표출할 공간(회사)를 찾는 추세이기 때문이다. 또한 스타트업 장점 중 하나가 여러 역할을 할 수 있고 비즈니스의 큰 그림을 볼 수 있는 기회가 있어서다.

화장품업계에서 경력을 쌓았고 로레알 근무라는 타이틀이 있었기 때문에 그런 경험을 배우면서 자유롭게 일할 수 있겠다는 생각을 한 사람이 많이 오고 있다. 스타트업이니 앞으로 더욱 커질 것이라는 기대도 있는 것 같다.

▶ 박수근: 힘든 일이 되게 많았다. 그중에서 변화를 만들 수 있다는 믿음이나 희망이 꺾이는 것이 제일 힘들었다. 특히 캐시슬라이드는 전 세계 최초의 아이디어이므로 참고 대상이 없어서 안 될 것이라는 이야기를 귀에 못이 박히도록 들었다.

서비스를 런칭하고 모인 유저들 자료를 갖고 광고주들에게 가서 이야기하면 거의 대부분 "그거 다 고민해봤는데 비슷한 것들이 다 망했다"라고 했다. 초반에는 이런 과정이 끝이 없었다. 액티브 유저(실제 사용 유저) 100만 명이 모이면 "거기가 한계다", "더 이상 안 될 것이다"라고 했다. 주변에서 계속 안 될 것이라고 하니 우리도 헷갈렸다. 진짜 안 되는 건가? 우리가 변화를 만들 수 있고 시도해보자는 희망, 믿음이 흔들리는 시기였다. 그런데 반대로 또 다른 곳에서 희망, 믿음이 자라났다.

조금이라도 될 수 있다는 모델이 되고 트랙 레코드(생산 실적)가 발생하니 여기저기서 카피캣(copycat)이 등장한 시기도 힘들었다. 서비스를 시작하고 3개월 만에 유저가 모이니까 6개월 후부터 동일한 서비스를 하는 스타트업이 10개 정도 등장했다. 1년 정도 지나니까 국내 대기업들까지 카피캣을 내놓았는데 무려 34개나 되었다. 실제로 1년만 넘어가면 전 세계에서 카피캣이 나온다.

우리의 경우에도 중국 3개, 미국 2개, 그리고 독일, 칠레, 인도네시아에서도 카피캣이 나왔다. 믿음과 희망을 얻는 것이 힘들기도 하고 반대로 그런 상황이 오히려 또 다른 믿음, 희망을 발휘한다는 것을 느꼈다. 물론 거기서 파생되는 치열한 경쟁도 힘들었다. 한국 스타트업들의 해외 진출이 너무 어렵다. 그래도 NBT는 글로벌시장에 대한 강한 집념을 갖고 있다. 한국에서만 열심히 하면 '넥스트 빅 싱'이 아니라 '넥스트 펀딩'이 될 것이라고 생각했다. 새로운 아이디어로 제품의 변화를 만들어야 하지만 국내에만 있으면 그 변화의 크기가 한정적이라는 한계가 분명 존재했다. 당장 바로 옆의 일본시장만 봐도 우리나라보다 5배, 중국은 20배다. 지속적으로 해외의 문을 두드리고 있다.

▶ 임원기: 채용 기준은 어떻게 되는지 궁금하다.

▶ 김봉진: 채용할 때 여러 관점에서 바라본다. 인터뷰를 시작할 때 인사하자마자 바로 물어본다. "어떤 것이 궁금한가요?"라는 질문을 던진다. 사내 복지에 대해 물어보기도 하고 일에 대해 물어보기도 한다. 그 질문에 대한 답을 들으면 일에 대해 어떻게 생각하는지, 사람과의 관계를 어떻게 생각하는지 등을 알 수 있다.

▶ 심여린: 지원자와 미래를 공유할 수 있는지를 가장 먼저 본다. 지원자의 스펙이나 경력도 보지만 내게 궁금한 것이 있는지 물어본

다. 되돌아오는 답을 들으면 3년 이후 지원자 모습이 그려지기도 한다. 일의 비전을 공유할 수 있는가가 중요하다.

▶ 임원기: 창업하려는 사람들에게 조언을 부탁드린다.

▶ 사라 리: 관계가 얼마나 중요한지를 매일 몸으로 실감하고 있다. 비즈니스 파트너뿐만 아니라 멘토, 창업 선배들이 있는데 매일 하나씩 영감과 바로 적용할 아이디어를 얻고 있다.

한국에서 계속 교육을 받았고 홍콩에서 잠깐 살았지만 미국이라는 큰 땅에 가서 한국 사람으로 마케팅을 하는 등 미국시장에서 일하는 것이 쉽지 않았다. 문화 차이도 있었고 한국하고는 접근이 달랐기 때문이다. 만약 멘토가 있었으면 지름길을 알 수 있었을 것이다. 항상 지금부터라도 새로운 네트워킹을 해서 친구 많이 사귀라고 이야기한다. 브랜드 파트너와 관계를 맺을 때도 인간적으로 얼마나 존중해주고 비전 공유를 해줄 수 있는지를 제일 먼저 생각한다. 그런 사람들하고만 파트너를 맺고 있다. 지금 관계를 맺은 파트너는 철학, 비전 등이 나와 비슷하다. 이러한 관계로 얻는 결과가 매우 좋다.

어떤 분야든 멘토가 있고 주옥같은 분이 어딘가에 있다. 물론 모든 멘토가 다 좋다고 할 수 없다. 그래서 멘토를 찾는 과정이 중요한데 사람을 대하는 태도, 일을 대하는 직업 윤리 등을 다양하게 느낄 수 있다. 각각 사람이 직접 경험한 것들이기 때문에 책으로 볼 수 없는 정보다.

미국에서 창업하고 싶은 사람들에게도 드릴 조언이 있다. 영어를 할 줄 알고 미국시장과 어느 정도 연결되는 사람과 처음으로 뛰어드는 사람과는 상황이 매우 다르다. 뷰티업계에서 오래 일했기 때문에 미국시장과는 어느 정도 연결된다고 할 수 있었고 실제로 도움이 많이 됐다.

미국시장은 굉장히 거칠다. 미국시장을 이해하지 못한 상태에서 시작하는 것은 아무런 준비와 이해가 없는 것과 같다. 반드시 시장 조사를 해야 한다. 경쟁이 그 어느 나라보다 심한 나라가 미국이다. 지금 뉴욕에 있는데 하루에도 경쟁 브랜드가 몇십 개씩 생긴다.

어느 정도 준비가 됐고 오직 이 일에 올인할 마음가짐이 있다면 창업하라고 권한다. 대기업에서 10년 넘게 일했고 창업한 지 2년이 됐는데 요즘처럼 하루하루가 기대되는 아침이 없었다. 물론 예전에 회사 다닐 때도 재미있었다. 그래도 지금은 나의 무언가를 이뤄나가고 있고 이 사회에 작게나마 임팩트(impact)를 주고 있다는 생각이 든다. 밤이 되면 피곤하고 스트레스가 많아도 그 성취감은 이루 설명할 수가 없다.

무모한 상태에서 도전하면 안 된다. 준비와 시장 조사를 충분히 하고 잘하는 것과 좋아하는 것 간에 균형이 잘 잡힐 때 도전하면 좋다.

▶ 심여린: 아이디어보다 실행력이 중요하다. 그 전제조건은 조직이다. 아이디어가 좋고 뛰어나도 조직이 없으면 실행되지도, 태어나지도 않는다. 온라인 광고 세일즈를 했었고 남편은 교육 콘텐츠에 대해 잘 알고 있었다. 또한 회사의 CTO는 기술력이 있는 친구였다. 한 사람, 한 사람 다 도움이 되었다. 초반에는 조직을 구성하는 것이 중요한 이슈였다. 혼자서는 절대로 하지 못한다.

사실 창업을 막 권하지 않는다. 창업은 정말 힘들고 정말 강해야 할 수 있기 때문이다. 다른 사람들은 대표라서 좋겠다고 하지만 실제로는 외롭고 힘든 길이다. 그 길을 가는 것은 당사자가 선택해야 한다.

우리 사회가 청년 창업을 쉽게 하도록 도와주는 구조는 아니다. 대기업 위주 시스템이 강하기 때문이다. 그래서 회사 다닐 때는 일요일 밤이 너무 싫었는데 창업하니까 그런 일이 없어졌다.

▶ 김봉진: 창업을 하면 조울증에 걸리고 성격도 이상해진다. 하지만 국가적인 관점에서는 다르게 볼 필요가 있다. 창업이 활성화가 되면 경제가 좀 더 순환된다. 슘페터는 창조적 파괴가 일어나서 새로운 시장이 만들어지면 경제가 활성화된다고 말했다. 그러다가 모방하는 회사가 나타나면 이윤이 적어지면서 불황이 온다고 말했다.

한국의 창조적 기업도 과거를 답습하다가 경쟁이 치열해지면서 국가적 불황이 왔다. 지금 미국과 중국은 경제가 활성화되고 있다. 창업한 지 얼마 되지 않은 페이스북, 알리바바, 텐센트 등이 계속 혁신을 일으키면서 시장을 주도하고 있다. 반대로 일본, 우리나라의 대표적인 기업을 보면 그런 것이 많이 부족하다.

앞으로 청년 창업은 필요하다. 그렇다고 개인이 무작정 실패를 다 짊어지기에는 어려운 부분이 있으니 국가적인 지원도 필요하다고 생각한다.

**김봉진** / 다운로드 수 2,500만 건에 이르는 국내 최대 배달 앱 '배달의 민족'을 운영하고 있는 '우아한 형제들' 대표이다. 기존 배달 음식 외에도 원하는 음식을 언제 어디서나 먹을 수 있게 해주는 종합 푸드테크 기업을 목표로 하고 있다.

**심여린** / 온라인 영어 교육시장에 새 바람을 넣고 있는 에듀테크 기업인 스터디맥스 대표이다. 스터디맥스는 스피킹맥스로 유명하다. 스피킹맥스는 뉴욕, 런던, 시드니 등 주요 영어권 도시에서 2,000여 명을 직접 촬영한 영상을 이용해 현지인과 이야기하는 방식으로 강의가 진행된다.

**사라 리** / 미국 내추럴 한국 화장품 유통업체인 글로우 레시피 대표로 있다. 국내 13개 화장품 브랜드와 북미지역 독점 판매 계약을 맺고 미국에 K 뷰티를 소개하고 있다. 2014년 12월 창업한 뒤 1년 만에 매출 100만 달러를 넘는 성과를 냈다.

**박수근** / 스마트폰 잠금 화면에 노출되는 광고를 보면 포인트가 쌓이는 캐시슬라이드를 운영하는 NBT 대표로 있다. 2015년 기준 1,800만 명이 캐시슬라이드를 사용하고 있으며 국내 성공을 바탕으로 해외시장에도 진출했다.

## 05

# 2020년
# 글로벌 리스크 전망

**로저 베이커(스트랫포 부사장)**

세계적인 싱크탱크 스트랫포의 로저 베이커 부사장을 통해 다가올 2020년까지 전 세계에 걸쳐 발생하게 될 거대한 권력의 이동과 일어날 수 있는 글로벌 리스크에 대해 살펴보고자 한다.

'미국, 유럽, 일본의 선거에서 극우세력이 집권할 것인가?', '중국은 과연 세계 최대의 패권국가로 부상할 수 있을까?', '동북아 한·중·일 3강 체제에서 힘의 균형은 누가 장악할 것인가?' 등에 대한 것뿐만 아니라 미국의 전략적 변화, 그리고 남은 21세기의 판도를 결정하게 될 전 세계의 정치, 경제, 군사적 힘의 이동을 명쾌한 분석과 과감한 예측으로 설명한다.

2020년은 곧 도래할 미래다. 보통 '위기'라고 하면 과장이라고 생각한다. 위기는 일반적으로 큰 파괴와 분열을 의미하기 때문이다.

앞으로 트렌드뿐만 아니라 세계 시스템의 운영방식도 변할 것이다. 우리 회사는 지정학적 조사를 많이 한다. 지리, 정치, 안보, 기술, 사회, 경제 등의 여러 가지 연결성을 보면서 각 요소들이 지역 환경에 어떤 영향을 미치고 상호작용을 일으키는지를 조사한다. 지정학은 과거를 해석하고 현재를 이해하며 미래를 예측하는 학문이다. 미래 로드맵을 그려보는 것이다.

우선 20년 주기(the 20 years cycle)를 살펴보겠다. 과거를 돌아보면 얼마나 의미 없는 예측이었는지를 알게 된다. 지금 말하는 내용들은 미래를 예측할 수 없는 지표이다.

1900년 여름의 신문들을 보면 '런던이 유럽시대의 중심지다', '경제 통합이 너무나 강력해졌기 때문에 전쟁은 더 이상 일어날 수 없다', '경제가 지정학을 넘어선다' 등의 내용이 나온다. 유럽 세력은 서로 싸울 수 없다고 생각했다. 엄청난 경제적 비용이 초래되기 때문이다. 그래서 유럽 국가들끼리 싸울 일은 없을 것이라는 생각, 신념이 있었다.

그런데 1920년대를 보자. 1914년 시작된 1차 대전이 4년 동안 계속되면서 유럽은 초토화 되었다. 역사상 최악의 전쟁이었다. 경제 통합이 전쟁을 멈추게 한다는 생각이 잘못되었다는 것을 증명했다. 경제 통합으로 전쟁이 발생하게 된 것이다. '하찮게 여겨졌던' 미국은 남북전쟁을 끝내고 유럽으로 와서 전쟁 종식을 도와주고 사라졌다.

이후 독일은 더 이상 군대를 가지지 못할 것이라고 생각했다. 공통의 신념이 있다면 또 다른 유럽 내 전쟁은 없을 것이라고 예상했다. 그러나 1940년 여름, 독일이 다시 패권을 잡는다. 독일은 아마도 유럽을 하나의 대륙으로 통합시킬 수 있다고 생각한 것 같다. 독일이 중앙 정부의 역할을 하고, 전 세계가 독일을 중심으로 움직이게 될 것이라고 본 것이다.

1960년 여름, 예상은 또 한 번 빗나갔다. 냉전, 핵에 대한 두려움이 등장한 것이다. 독일과 유럽은 점령당하고 유럽 제국들은 모두 무너졌다. 기술적인 차원에서, 경제적인 차원에서 미국이 승자가 될 것이라는 전망이 나왔다. 미국이 해양을 장악하고 패권을 장악했다. 남은 전쟁이 있다면 핵전쟁이라는 전망이 나왔다.

1980년 여름, 소련이 냉전의 승자가 될 것이라는 전망이 나왔다. 내가 학교를 다닐 때는 러시아어를 공부하라고 했다. 그러다가 일본어를, 이제는 중국어를 배우라고 한다. 한국어를 배울 때도 올 것이다. 어쨌든 핵전쟁은 없었다. 하지만 미국이 승자가 되지는 못했다. 미국은 베트남에게 패배하고 이란과의 싸움에서 석유를 잃게 된다. 반대로 소련은 미국보다 더 많은 힘을 갖게 되고 군사력은 강화되었다.

2000년 여름, 냉전이 종식되면서 미국이 패배할 것이라고 생각했지만 오히려 소련이 붕괴했다. 그 결과, 미국은 유일한 패권국이 됐다. 유일한 강대국인 미국만큼 강력한 국가가 이제 없다. 미국에 도전장을 낼 국가도 없다. 경제가 지정학적인 측면을 좌지우지하기 때

"한 곳의 작은 변화가 다른 지역에 심각한 영향을 미칠 수 있다."

문이다.

그렇다면 2020년 여름은 어떻게 될까? 지금까지의 변화를 보면 무슨 생각이 드는가? 지금까지의 기대치는 계속 틀렸다. 결국 20년 주기는 없는 것이라고 할 수 있다.

과거의 극단적인 변화들을 보면 과거의 예상들은 항상 틀렸다는 사실을 예의주시해야 한다. 우리가 기대하는 일은 결코 발생하지 않는다. 우리가 예상하는 미래는 '확률이 가장 낮은 미래'이다. 전환기적 시기를 살아가고 있는 것이다.

과거 유럽은 세계 중심이었다. 세계 강대국이 북미, 아시아가 있는 서쪽으로 이동했다. 1980년대 태평양 국가 간의 교역이 유럽과 미국 교역을 증가시켰다. 과거 30~40년까지만 해도 3개의 경제 축이 있었다. 바로 유럽연합, 미국, 중국이다.

2008년 9월 이후 실질적인 변화가 나타났다. 과거만큼 유럽연합의 창립 당시 비전이 실현되지 않고 오히려 파편화 되고 있다. 파편화는 지금도 진행 중이다. 더군다나 경제의 진전은 보이지 않고 있다. 그리스의 경제문제를 해결해야 한다고 말하면서 독일의 정책을 북유럽 국가들에게 강요하려고 한다. 농업국가인 그리스가 어떻게 독일과 유사한 정책적 도구, 경기부양책을 쓸 수 있겠는가? 결국 특별한 효력이 없었다.

이후 새롭게 국익을 추구하는 움직임이 생기고 있다. 바로 국수주의의 등장이다. 글로벌 시스템이 이상적이라고 생각하지 않으면서 오히려 국제화에 반대하는 것이다.

한국의 정치적 상황이 복잡한데 미국에서도 지역주의가 발생하고 있다. 유럽도 유럽연합체제는 유지되겠지만 강력한 단일체제는 아닐 것이다. 국경을 세우고 개인의 이동을 막고 물류 이동에서 제한이 생길 것이다. 더 이상 글로벌체제를 지키지 못하는 상황이다.

중국은 자연적인 경제 성장의 마지막 단계를 거치고 있다. 동아시아, 일본, 태국 모두 급속한 경제 성장을 지나왔거나 지나고 있다. 그동안 수출, 무역에 초점을 두고 경제 성장을 이뤘다.

중국은 지금 기업들이 파산하는 것을 두려워한다. 엄청난 실업자의 발생 등 피해가 많기 때문이다. 기업들은 어쩔 수 없이 유지되겠지만 부채는 눈덩이처럼 불어날 것이다. 결국 화재 예방의 명목으로 숲에 불을 질러 나무를 없앨 수 있다. 모두 정리한 다음에 다시 재건할 여지가 있다.

부채가 계속 증가하면 문제가 반드시 발생한다. 현재 중국에서는 부실 채권이 계속 증가하고 있다. 더 이상 부자의 꿈을 꾸지 못하는 사람이 많아졌다. 어떤 국가에서도 보지 못했던 규모의 위기 상황이다. 중국은 계속 성장하겠지만 글로벌 경제를 뒷받침하는 역할은 더 이상 하지 못할 것이다. 임금 수준이 높아졌고 제조부문의 경쟁력도 많이 약화되었다.

미국도 상황이 좋지 않다. 북미 국가는 남미에 초점을 두고 많은 에너지를 수입하면서 경제를 강화했다. 글로벌 불균형화가 발생하고 있는 것이다.

그렇다고 중국이 제조업 기지의 위치에서 금방 무너지지는 않을 것이다. 경제는 탈집중화가 되고 있다. 하나의 체인 내에서 새로운 경제 클러스터(cluster, 유사 업종에서 다른 기능을 수행하는 기업과 기관들이 한 곳에 모여 있는 것)가 발생한다. 현재 세계적으로 여러 클러스터가 만들어지고 있다.

멕시코는 GDP 14위이며 긴밀하게 북미시장과 연결되어 있다. 그러는 사이에 상황은 역전되고 있다. 멕시코에서 미국으로 이민을 많이 간다고 생각하지만 실제 중앙아메리카에서 멕시코로 이민을 가고 있다.

아세안 국가들은 명확하게 지속적인 성장 계획을 갖고 있다. 미국의 아시아 정책도 중국, 유럽, 인도 등처럼 동방정책을 취하고 있다.

그만큼 강력한 잠재 성장력을 갖고 있기 때문이다. 이외 다른 국가는 고성장을 꿈꾸기 어려운 상황이다.

지금 세계 경제의 위기 요인은 무엇일까? 아무래도 정치적 상황의 영향이 크다. 미국에게 중요한 러시아는 산악지역에 있다. 어쩔 수 없이 중앙아시아로 갈 수밖에 없다. 과거에는 하나의 원자재에만 초점을 뒀다면 금융위기 이후부터 중국, 일본 등으로 방향을 바꿨다. 러시아에 일본의 투자를 이끌려는 것이다. 유럽으로부터 받는 투자가 저하되자 보충하기 위한 시도다. 하지만 서방 국가의 압력 때문에 문이 좁아지고 있다. 그러자 완충지대를 찾아 국경 밖으로 나가려고 한다.

중동 지역의 문제점을 이라크, 시리아뿐만 아니라 파키스탄, 아프가니스탄 등에 접목시켜봤다. 그 결과, 추가적인 경제 스트레스가 발생했다. 잠재적으로 중앙아시아에 위기가 발생할 가능성이 높다. 러시아와 중국이 협력하는 상황이 발생할 수도 있다.

중국은 자립하기 위해 노력 중인데 현재 상황에서는 국제 해양에 대한 의존도가 점점 높아지고 있다. 그런데 해양 패권국인 미국은 전 세계적으로 언제든지 선박을 차단할 수 있는 유일한 능력을 갖고 있다. 미국이 앞으로 중국의 이런 무역에 개입하지 않기를 바랄 뿐이다. 설령 특정 지역의 경로가 차단되어도 계속적으로 또 다른 경로를 만드는 것이 중요하다. 미얀마, 파키스탄 등으로 계속 만들어야 한다. 중국은 앞으로도 이중 전략을 추구할 것이다. 중국을 둘러싼 국제적인 상태가 계속 바뀌고 있기 때문이다.

일본은 지난 20년 동안 암흑기였다. 그래도 그동안 무언가를 지속적으로 하고 있었다. 특히 꾸준하게 군사력을 강화시켰다. 이러한 모습은 중국뿐만 아니라 한국에도 압박을 주면서 긴장감은 고조되고 있다.

단백질의 8~15%을 해양에서 얻고 있는 일본의 경우 최근에는 어업 자원이 많이 없어진 상황이다. 이와 관련해 남중국해 분쟁은 일본 입장에서는 매우 신경이 쓰이는 부분이고 앞으로 전반적인 글로벌 시스템의 영향에 미치는 동인(動因)이 될 것이다.

일본은 인구 고령화가 진행되는 국가다. 그래서 로봇, 기계화를 통해 노동을 대체하는 국가 중 하나다. 이런 변화는 다른 국가도 마찬가지다. 최근 들어 근로인구의 변화가 심하다. 주요 선진국뿐만 아니라 중국, 동남아 등에서도 근로인구는 하락하고 있다. 지금은 이민자를 추방해야 한다고 주장하지만 20년 뒤에는 이민자를 유치하기 위해 경쟁할 것이다.

앞으로 로봇, 자동화 등의 영향으로 일자리에 대한 변화가 많이 생길 것이다. 이와 관련해서 경제에 대한 관점도 바꿔어야 한다. 가장 큰 변화는 기계화의 연정선인 로봇의 등장이다. 로봇은 근로자를 대체할 것이다. 또한 배터리 기술의 발전은 에너지에 대한 개념을 바꿀 것이다. 모든 땅 밑에 전선을 깔 필요 없이 필요한 지역으로 바로 전기가 전송이 가능하다.

석탄시대에는 그 누구도 중동에 관심이 없었지만 오일시대에는 모두 중동을 외쳤다. 이제 리튬이 중요해진다면 모든 사람이 볼리비

아로 갈 것이다.

제조에 기술이 접목되면서 3D 기술이 등장했다. 500개 전구를 만들고 선반으로 이동시켜서 파는 방식이 아니라 원하는 제품을 그 때그때 만들 수 있게 됐다. 이제 젊은이들은 차세대 제작자가 될 수 있다.

결론을 내리면, 2020년이 되어도 위기가 발생하지 않을 가능성이 크다. 기존의 질서가 무너지는 대신 새로운 균형에 대한 중요성이 커지면서 이제는 또 다른 균형점을 찾기 위한 재정렬이 이뤄질 것이다.

무역의 패턴도 바뀌게 된다. 미국 세력에 대처하거나 활용하려는 여러 연맹체가 생길 가능성이 높다. 중국은 통화 블록(Currency Bloc), 경제 블록(Economic Block) 등을 새롭게 만들려고 할 것이다. 결국 미국이 가진 것을 빼앗기 위한 노력이 일어나면서 세력은 특정 지역에 모이지 않고 분산될 것이다.

## 06

# 중국 기업들의
# 리더십 변화

### 페테르 에베라르트(콘페리 아태지역 부사장)

전 세계적으로 전 분야에 걸쳐 구조조정이 빠르게 진행되고 있다. 지금 변하는 중국의 모습은 과거에는 상상하기 어려웠다. 그 어느 국가보다 훨씬 앞설 것만 확실하다. 그렇다면 어떻게 변화할 것인가? 글로벌 헤드헌팅 및 리더십 컨설팅업체 콘페리의 아태지역 부사장인 페테르 에베라르트의 이야기를 통해 알아본다.

이제는 중국에 한 번도 가지 않은 사람보다 한 번이라도 가본 사람이 더 많은 세상이다. 현재 중국은 6개월마다 크게 변하고 있다.

콘페리는 리더십 기업이다. 조직과 사회의 유의미한 작동을 위한 분석을 제공하고 있다. 또한 혁신적인 인재와 리더십 관련한 프로그램을 운영 중에 있다. 전 세계 CEO들과 기술, 규제 등이 기업 경영에 어떤 영향을 미치는지 수시로 이야기를 나누고 있다. 기업 입장에서는 특혜라고 생각한다. 미래를 연구하는 싱크탱크가 많은데 G20 회의에서 이런 역할을 맡아달라는 제안도 받았다. 경제, 무역, 혁신 등을 앞으로 어떻게 성장시킬지에 대한 조언을 달라는 요청이었다. 전 세계적으로 성장을 촉진시킬 방안을 연구하는 TF(Task Force) 수장도 맡고 있다.

중국에서 일어나고 있는 리더십의 변화부터 이야기하겠다. 중국은 한국의 최대 무역 파트너라고 알고 있다. 지난 수년간 중국 기업의 리더십은 계속 변화했다. 콘페리는 50여 명의 CEO와 거의 매일 연락을 주고받으면서 그 리더들에 대해 분석하고 있다. 그러면서 현재 성공을 주도하고 있는 리더들이 어떤 성격과 특성이 있는지를 추적했다.

요즘 중국의 경제 성장이 많이 더뎌졌다고 한다. 그래도 한국보다 2배 정도 빠른 성장세다. 또한 GDP의 중요한 부분을 차지하고 있다(전 세계 GDP의 15% 이상 차지). 인구 14억 명, 평균 연령 34세만 봐도 여전히 중국이 최대 경제대국임을 알 수 있다. 엄청나게 많은 인구가 소비하고 있기 때문에 소비력에서도 경제대국인 것이다.

중국은 글로벌 성장 동력의 중심으로 자리 잡았다. 구매력 평가기준으로 보면 미국보다도 앞선다.

G20 서밋회의에 참석했을 때 중국의 진화과정과 미래 비전을 제

시하는 시진핑 주석의 연설을 들었는데 훌륭했다. 개방 경제의 중요성을 언급하면서 기업가정신을 장려하고 혁신 촉진이 중요하다는 내용도 있었다.

시진핑 주석은 중국이 어떻게 경제의 강점을 진화시켜왔는지를 설명했다. 평균 소득수준의 증가 상황을 들려주면서 중국 인구 중 7억 명이 지난 10년간 빈곤층 지위를 벗어났다고 했다. 엄청난 수치다.

그 연설을 기반으로 해서 중국의 성장전략을 요약해봤다. 전통적인 제조업에서 좀 더 시장 혁신적인 글로벌 경제로 전환을 해나가는 전략을 추진 중이다. 이미 공급 과잉인 제조업보다 좀 더 생산성을 증가시킬 수 있는 방안을 고민하고 있다는 것이다. 항저우에는 미국 실리콘밸리의 맞수로 떠오른 실리콘 드래곤이 있으며 알리바바에서도 끊임없는 혁신이 이뤄지고 있다. 기업가정신 역시 혁신 중심지에서 강하게 나타나고 있다. 이러한 변화가 과연 어떻게 해서 가능했을까? 이런 혁신을 이끈 중국 리더들의 공통적 특성은 무엇일까?

'콘페리 방법론'이라는 것이 있다. 성공한 기업의 임원 21개국 300만 명을 분석해서 역량을 살펴봤다. 살펴본 평가 툴은 과학적으로 검증된 것이다.

우선 리더십 역량이 있었다. 특히 비즈니스에 대한 이해력이 높았다. 이외에도 상대방을 설득하는 것 등 사람을 대하는 역량, 사람을 적재적소에 배치하는 능력, 개방성 등이 뛰어났다.

G20 국가 리더와 중국 리더를 비교해봤을 때 중국이 훨씬 잘하고 있다. 5년 전만 해도 그렇지 않았다. G20 국가의 리더들이 중국보다

"위험을 감수하고 용인하는 기업문화가 중국에서 생기고 있다."

더 민첩하고 주도적이었으며 개방적이고 유연한 대응력을 갖고 있었다. 하지만 5년이라는 기간 동안 중국 기업가들은 이런 특성을 갖춘 사람으로 변했다. 그렇게 변하면서 완전히 다른 중국 경제의 근간이 된 것이다.

이제 중국 경제가 어떻게 구성되어 있는지 살펴보자. 우리는 중국을 세계의 생산지로만 생각하지만 중국은 대응력을 제대로 갖춘 창조력을 갖춘 경제국으로 거듭나고 있다. 이 과정에는 다음과 같은 리더십이 자리 잡고 있다.

첫째, 생산성이 뛰어난 리더십이다. 제조업부문에서 생산성과 효율성 제고를 이뤄내고 있다. 좀 더 질 높은 제품을 만들기 위해 프로세스가 개선되고 있다. 생산의 규모를 확대하면서 양질의 제품을 만들기 위해 프로세스를 표준화하고 있는데 가격과 질을 기준으로 경영하는 것이다. 최근에는 경영의 효율성을 개선하기 위해 새로운 개념을 도입 중이다.

둘째, 어댑티브 리더십(Adaptive Leadership)이다. 미래 시장에 유효한 제품들을 내놓기 위해 진행 중일 때 대응력을 가진 리더들은 좀더 세부적인 사항들을 잘 조율하고 개선하는 능력이 있다. 각 지역별 고객들의 니즈를 이해하고 그에 맞춰 대응력을 발휘해 제품을 만든다. 이 과정에서는 대인관계 능력, 민첩성 등이 중요하다.

셋째, 제너러티브 리더십(Generative Leadership)이다. 항저우에 있을 때 이미 소프트웨어 개발 관련해 혁신의 중심지가 되었다는 느낌을 받았다. 소프트웨어 개발에는 창조성을 중심으로 하는 리더십이 필요하다. 아시아에서 6~7년 정도 살았고 아시아시장 관련해서 15년째 일하고 있다. 아시아 문화권에는 독일처럼 완벽주의를 지향하는 문화가 존재하고 있다. 실패는 선택지가 아닌 것이다. 미국의 경우 파산했다고 해도 다시 회사를 창업할 때 대출이 가능하다. 그런데 독일을 포함한 유럽은 파산하면 그다음 대출이 쉽지 않다. 위험을 감수하는 문화, 기업가정신이 자리 잡지 못했기 때문이다. 무언가를 실행할 때 질과 완벽주의를 추구하는 것에도 이런 문화적 동력이 작용한다.

중국도 과거에는 그랬지만 지금은 바뀌고 있다. 위험을 감수하고 용인하는 분위기로 바뀌고 있는 것이다. 이에 따라 리더십도 그런 방향으로 가고 있으며 그 과정에서 창조성의 리더십은 더 촉발되었다.

이제 독창성이나 차별성을 중심으로 경쟁하는 기업들이 나타나고 있다. 2015년 〈포브스〉에서 선정한 500대 기업을 보면, 80%가 미국 기업이었다. 한국과 중국은 각각 2개, 1개였다. 앞으로 이 숫자는 크게 바뀔 것이다.

시진핑 주석이 환경, 개방경제 등을 강조했으며 국유기업뿐만 아니라 민간기업에도 투자를 촉진하겠다고 발표했다. 이러한 방향성을 봤을 때 중국은 대응력, 창조력이 뛰어난 리더십을 더욱 보일 것이다.

그동안 미국에서 이러한 리더십이 나왔기 때문에 실리콘밸리가 잘된 것이다. 요즘 실리콘밸리에서 집을 사기가 어렵다고 한다. 중국인들이 현금으로 집을 사고 있기 때문이라고 한다. 이제 중국인들이 실리콘밸리에 진출하고 있다.

통계로 잡히지는 않지만 '마인드의 성장'에 대해서도 빼놓을 수 없다. 바로 기업가정신, 혁신의 성장이다.

경제 성장의 전제조건은 기업가정신을 장려하고 창업을 가르치는 것이다. 지금은 30억 명이 인터넷에 접속하지만 앞으로 50억 명이 더 쉽게 접속할 것으로 본다. 지식, 정보가 훨씬 많아지면서 국민은 정부에 더 많은 요구사항을 제시할 것이다. 또한 더 나은 정보, 더 나은 지식을 가진 사람이 늘어날 것이다. 이제는 인터넷에 정보가 올라오면 조작이 쉽지 않다. 결국 각국 정부는 압박을 받을 것이다.

디지털 혁명으로 상황을 개선하는 시대가 온다. 이제 거버넌스(Governance)는 정부가 독단적으로 하지 못한다. 국민과 같이 해야 한다. 아일랜드 전 총리가 말했지만 정부 지도자의 대화방식은 바뀌어야 한다.

차세대 리더들은 앞으로 더 다양한 커리어를 갖게 될 것이며 다양한 직원을 거느릴 것이다. 그렇기 때문에 과거의 생산성 중심의 구조와 마인드는 시대에 뒤떨어진다. 이제 대안적인 방식의 조직 체계화가 필요한데 그중에서 리더십은 상상력, 디지털, 클라이언트 등의 특성들을 잘 활용해야 한다.

콘페리에서는 사회적 실험을 제안하고 싶다. 기업가정신을 장려하는 프로그램을 통해 실제 리더십 개선이 가능한가를 검증해보는 것이다. 또한 리더십을 통해 경제적 수익이 개선되는지를 살펴보자고 제안하고 싶다.

오늘날처럼 시장의 성장이 주춤한 상황에서 어떻게 해야 할까? 중국에서 교훈을 얻어야 한다. 기업가정신과 혁신이, 각 관련 기관과 기업들이 시장과 고객들에게 유의미한 존재로 거듭날 수 있도록 만드는 변화가 필요하다.

지금 우리에게는 다양한 인재가 필요하다. 그리고 생산성에 기여하는 인재, 대응력 있고 창조력 있는 인재 등이 적절하게 혼합되도록 해야 한다. 아울러 더 잘할 수 있는 방향과 파괴적인 혁신을 구가하는 방향을 모두 지향해야 한다.

글로벌 인재포럼 2016

# 어떻게 창의적 인재를 키울 것인가

제1판 1쇄 인쇄 | 2017년 2월 24일
제1판 1쇄 발행 | 2017년 3월 2일

지은이 | 박동휘 외 한국경제신문 특별취재팀
펴낸이 | 고광철
펴낸곳 | 한국경제신문 한경BP
편집주간 | 전준석
책임편집 | 황혜정
외주편집 | 전용준
기획 | 유능한
저작권 | 백상아
홍보 | 이진화 · 남영란
마케팅 | 배한일 · 김규형
디자인 | 김홍신

주소 | 서울특별시 중구 청파로 463
기획출판팀 | 02-3604-553~6
영업마케팅팀 | 02-3604-595, 583  FAX | 02-3604-599
H | http://bp.hankyung.com   E | bp@hankyung.com
T | @hankbp   F | www.facebook.com / hankyungbp
등록 | 제 2-315(1967. 5. 15)

ISBN 978-89-475-4179-4     03320